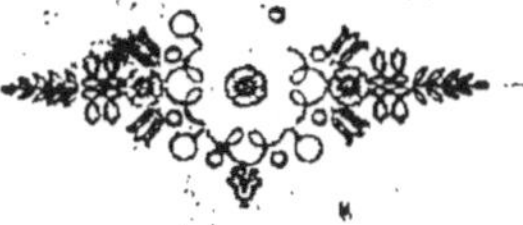

LA PAIX OU LA GUERRE EN EUROPE,

PAR LE GÉNÉRAL BARON **DERMONCOURT.**

SUIVIE D'UNE

PROPOSITION FAITE AUX COMITÉS D'INFANTERIE ET DE CAVALERIE,

PRÈS LE MINISTRE DE LA GUERRE,

DE NOUVEAUX MODÈLES D'EFFETS D'HABILLEMENT, D'ÉQUIPEMENT, DE COIFFURE ET D'UN HAVRE-SAC.

Présentant de grands avantages
sous le rapport de la qualité, de la solidité et de la durée,
allégeant la charge énorme que les soldats ont à porter,
offrant enfin
une *économie considérable et positive* au gouvernement.

> De quel éclat brillaient dans la bataille
> Ces habits bleus par la victoire usés!
> La Liberté mêlait à la mitraille
> Des fers rompus et des sceptres brisés.
>
> BÉRANGER.

Prix : 1 franc 50 centimes.

Paris.

DELAUNAY, LIBRAIRE,
PALAIS-ROYAL.
ET CHEZ LES MARCHANDS DE NOUVEAUTÉS.

1840.

LA PAIX OU LA GUERRE

EN EUROPE.

BATIGNOLLES-MONCEAUX. — IMPRIMERIE D'AUGUSTE DESREZ,
Rue Lemercier, 24.

LA

PAIX OU LA GUERRE

EN EUROPE,

PAR LE GÉNÉRAL BARON **DERMONCOURT.**

SUIVIE D'UNE

PROPOSITION FAITE AUX COMITÉS D'INFANTERIE ET DE CAVALERIE,

PRÈS LE MINISTRE DE LA GUERRE,

DE NOUVEAUX MODÈLES D'EFFETS D'HABILLEMENT, D'ÉQUIPEMENT, DE COIFFURE ET D'UN HAVRE-SAC.

Présentant de grands avantages, sous le rapport de la qualité, de la solidité et de la durée, allégeant la charge énorme que les soldats ont à porter, offrant enfin une *économie considérable et positive* au gouvernement.

> De quel éclat brillaient dans la bataille
> Ces habits bleus par la victoire usés!
> La Liberté mêlait à la mitraille
> Des fers rompus et des sceptres brisés.
>
> BÉRANGER.

Paris.

DELAUNAY, LIBRAIRE,
PALAIS-ROYAL.
ET CHEZ LES MARCHANDS DE NOUVEAUTÉS.

1840.

1840.

LA PAIX OU LA GUERRE

EN EUROPE.

Qui veut la fin veut les moyens.

La France a dû et doit encore protester énergiquement contre le traité du 15 juillet; les intérêts du pays réclament cette manifestation du gouvernement.

La population, toute nationale, exprime hautement sa pensée; elle veut que la France soit respectée au dehors, que sa dignité soit toujours pure, et qu'une volonté ferme soit constamment la base de toutes ses relations politiques avec les puissances européennes.

Par ces moyens, le gouvernement fera cesser toute tentative de désordre à l'intérieur, causée par les menées sourdes de nos voisins : il parviendra bientôt à calmer tous les esprits et rendra au commerce la sécurité et la confiance, qui sont ses élémens principaux.

Pour parvenir à cet état de choses, il faut que le gouvernement ait un dispositif, qu'il s'éclaire de la vérité pour apprécier ses immenses ressources en tous genres ; enfin, qu'il prenne une attitude précise et soutenue, et il aura pour fruit de sa sage prévoyance la latitude de faire la guerre, s'il le veut, ou de maintenir la paix en Europe avec honneur.

L'ouvrage que nous dédions aux citoyens français les convaincra que la France doit être désormais à l'abri de toute invasion de la part des puissances coalisées *quand même*, les moyens que nous indiquons étant d'une grande facilité dans l'exécution. Et comme en 1793, la nation pourra, quand elle voudra, former en moins de huit jours 810 bataillons d'infanterie qui, se trouvant répartis sur la surface de la France, seraient à même de se réunir spontanément pour se mettre en mouvement. Nous indiquons aussi l'urgente nécessité de tenir le matériel de l'armée nationale en situation permanente, car c'est ordinairement l'objet qui réclame le plus de temps dans son organisation toujours laborieuse.

Nous aurions désiré qu'au lieu que le gouvernement se décidât à faire établir des forts autour de la capitale, dont la dépense, que l'on estime à 100 millions, sera bien plus considérable, il eût la pensée d'opposer à nos ennemis des remparts d'hommes français, remparts mouvans que l'on peut transporter partout où besoin sera. Nous serions en harmonie avec le fameux tacticien Guibert, qui prétendait à juste titre qu'il n'y avait pas de meilleurs remparts que les remparts de chair. Le plan que nous proposons présente des avantages tels que la nation française ne redoute absolument rien.

Les sommes énormes qu'on dépensera pour établir des fortifications dans le rayon de Paris auraient été bien plus que suffisantes que celles nécessaires à l'organisation que nous proposons ; d'ailleurs nous ne prétendons pas imposer au pays ni au gouvernement l'obligation de l'adopter dans les proportions que nous indiquons ; nous ne le mettons au grand jour que dans l'intention de démontrer l'immensité des ressources qu'offre la France, et que bien des personnes regarderont comme éminentes dans la crise où le pays se trouve placé, et qu'il importe de faire cesser au plus tôt.

MOBILISATION DE LA GARDE NATIONALE.

En 1830, d'après le relevé qu'a fait établir le ministre de l'intérieur sur le chiffre de la population de la France, la garde nationale susceptible d'être mobilisée présentait les catégories suivantes :

1° Célibataires de 20 à 35 ans............	1,231,033
2° Veufs sans enfans de 20 à 35 ans.......	4,019
3° Citoyens ayant un remplaçant..........	55,157
4° Mariés sans enfans de 20 à 35 ans......	156,096
5° Dans une position exceptionnelle, aînés d'orphelins, fils de veuves, etc.......	106,541
6° Mariés avec enfans de 20 à 35 ans......	393,053
TOTAL............	1,945,899
Sur ce nombre, en prenant les deux tiers, on aurait un chiffre de................	1,297,266

ARMEMENT.

Les objets d'armement livrés par l'État à la garde nationale (*au* 30 *novembre* 1832) présentent la situation suivante[1],

SAVOIR :

Fusils..................................	871,208
Mousquetons............................	21,889
Paires de pistolets........................	4,094
Sabres....................................	242,183
Lances d'artillerie........................	2,541
Pièces de canon..........................	630

Malgré quelques mutations survenues dans la possession de ces armes par les citoyens, il n'en est pas moins vrai que l'avoir total reste toujours à la disposition de la garde nationale.

Nous avons conçu l'idée de former onze armées prises uniquement parmi les citoyens mobilisables, se composant :

D'infanterie,
De cavalerie,

[1] Voir au renvoi du tableau 3 l'explication de la différence des quantités.

D'artillerie,
De sapeurs du génie et mineurs,
De soldats du train.

L'armée du Nord avec une armée de la ligne, qui se trouvera naturellement formée sur notre frontière par 80,000 hommes de l'armée française et 80,000 Belges, nos alliés, donnera l'effectif suivant :

Gardes nationaux	[1] 209,600
Armée belge	80,000
Plus, en hommes de la ligne	80,000
TOTAL	369,600

L'armée d'Ardennes-et-Moselle, forte de gardes nationaux	166,200
Plus, en hommes de l'armée	80,000
TOTAL	246,200

L'armée du Rhin, forte de	157,300
Plus, en hommes de l'armée	80,000
TOTAL	237,300

L'armée des Hautes-Alpes, forte de	157,300
Plus, en hommes de l'armée	40,000
TOTAL	110,300

L'armée des Basses-Alpes, forte de	94,800
Plus, en hommes de l'armée	30,000
TOTAL	124,800

[1] On a conservé les nombres ronds.

L'armée des Pyrénées-Orientales, forte de...	100,500
Plus, en hommes de l'armée.	20,000
Total.	120,500
L'armée des Pyrénées-Occidentales, forte de.	104,700
Plus, en hommes de l'armée.	20,000
Total.	124,700
L'armée des côtes de l'Ouest, forte de.	112,800
Plus, en hommes de l'armée.	60,000
Total.	172,800
L'armée de la Manche, forte de.	64,300
Plus, en hommes de l'armée.	20,000
Total.	84,300
L'armée de réserve de Lyon, forte de.	68,000
Plus, en hommes de l'armée.	25,000
Total.	93,000
L'armée de réserve de Dijon, forte de.	99,300
Plus, en hommes de l'armée.	20,000
Total.	119,300

Les onze armées désignées ci-dessus offrent un effectif de.................................. 1,802,800

Voir le tableau détaillé n° 1.

La base de ce travail repose sur la population en France, comme sur la race chevaline.

Voir le tableau n° 2.

Le tableau numéro 3 présente les armes, l'équipement et l'habillement dont les gardes nationaux sont pourvus, plus les armes qui leur ont été délivrées des arsenaux, et le nombre d'hommes, d'artillerie, sapeurs-pompiers et de cavalerie existant dans les départemens.

Ces onze armées peuvent être disposées de telle manière qu'elles formeront un réseau autour de la France, ayant deux réserves centrales.

En effet, l'armée du Nord aurait sa droite appuyée à Mézières, et sa gauche à Rouen.

Elle pourrait avoir une réserve de garde nationale encore, qui occuperait les pays d'Amiens, Saint-Quentin, Laon, Soissons et Reims.

L'armée d'Ardennes-et-Moselle aurait sa gauche à Mézières, et sa droite à Wissembourg.

Elle aurait une réserve qui occuperait les points de Châlons, Bar-le-Duc, jusqu'à Sarrebruck.

Les deux armées seraient à même de se porter un prompt secours en très-peu de temps, sur leur gauche et sur leur droite.

L'armée du Rhin aurait sa gauche appuyée à Wissembourg, et sa droite à Genève.

Cette armée garnirait les lignes importantes de Wissembourg, couvrirait le vide causé par la perte déplorable de Landau, occuperait fortement Lauterbourg, formerait les garnisons de Strasbourg, où un camp serait établi, borderait la ligne du Rhin, occuperait encore les places de Schelestadt, de Neuf-Brisach, où un camp serait placé; elle se prolongerait sur la ligne du Rhin jusqu'à Huningue, où un camp retranché devrait être formé pour suppléer au démantèlement désastreux de cette forteresse.

Elle formerait en même temps les garnisons des importantes places de Béfort et de Besançon, observerait le point très-essentiel de Montbelliard, parce que les armées ennemies venant de Bâle arriveraient impunément sur le plateau de Langres; ce point comme celui de Montbelliard laisse à regretter de ne pas avoir été fortifié. Le gouvernement s'occupe en ce moment, avec raison, de fortifier Montbelliard, et nous signalons le point de Langres comme devant l'être également parce que c'est une position très-avantageuse.

Il est déplorable que les redoutes si habilement établies en 1793 depuis Huningue jusqu'à Strasbourg pour la défense du Rhin aient été rasées et vendues récemment : ces ouvrages si importans, qui avaient coûté tant de sueurs à nos bons patriotes de l'Est, seraient aujourd'hui l'objet d'une forte dépense pour le gouvernement.

L'armée du Rhin aurait sa réserve qui se composerait du Doubs, de la Haute-Saône et Haute-Marne au besoin; elle aurait un prompt secours des réserves de Dijon et de Lyon indiquées plus loin.

Cette armée peut puiser des ressources dans l'armée d'Ardennes-et-Moselle, et *vice versâ*.

L'armée des Hautes-Alpes aurait sa gauche appuyée au lac de Genève, et sa droite à Barcelonnette.

Elle observerait la Savoie, le lac Léman par sa gauche, et pourrait, s'il était nécessaire, pénétrer en Italie; alors elle serait facilement remplacée par les réserves de Lyon et de Dijon, qui sont réserves centrales.

L'armée des Basses-Alpes aurait sa gauche à Barcelonnette, et sa droite à Arles.

Cette armée observerait la Sardaigne et le col de Tende; elle s'opposerait à toute invasion sur ce point et au besoin appuyerait les mouvemens de l'armée des Hautes-Alpes.

La réserve de cette armée serait établie depuis Valence jusqu'à Avignon.

L'armée des Pyrénées-Orientales ou Hautes-Pyrénées aurait sa gauche appuyée à Arles, et sa droite à Perpignan.

Elle couvrirait une partie de la Provence, le Roussillon et la Catalogne.

Sa réserve occuperait les points de Montpellier, Alby, Rodez et Narbonne.

Cette réserve se lierait avec celle des Basses-Alpes.

L'armée des Pyrénées-Occidentales ou Basses-Pyrénées aurait sa gauche appuyée à Carcassonne, et sa droite à Bayonne.

Elle couvrirait toute la ligne de l'Espagne et les côtes maritimes jusqu'à Bordeaux et son littoral.

Sa réserve occuperait Toulouse, Auch, Mont-de-Marsan et Angoulême, et se lierait avec celle des Pyrénées-Orientales.

L'armée des côtes de l'Ouest aurait sa gauche appuyée à Bordeaux, et sa droite à Saint-Malo.

Elle couvrirait les ports de Rochefort, Nantes et Lorient.

Sa réserve centrale se lierait avec celle des Basses-Pyrénées, et enfin avec celle des côtes de la Manche.

L'armée des côtes de la Manche aurait sa gauche à Saint-Malo, son centre à Saint-Lô, et sa droite à Rouen.

Elle garnirait le tour de nos côtes jusqu'à Cherbourg et Saint-Malo.

Les armées de réserve centrales de Lyon et Dijon peuvent être considérées par leur position respective comme devant secourir toutes les armées.

On vient de voir que les différentes armées ont été dénommées en raison des points que l'on peut leur affecter; mais il convient en outre pour pouvoir apprécier les premiers élémens qui les composent, de les désigner encore sous le nom de régions. Or, une région se compose d'un nombre de départemens contigus où des cohortes formées donnent la base des armées.

Voir la désignation des onze régions, tableau n° 4, de A à K.

Les cohortes représentent les régimens de l'armée, et les régions renferment les différentes armes; leur organisation considérée sous le rapport de la localité dans chaque département, arrondissemens et cantons, offre un moyen d'exécution facile et réclame l'attention des autorités pour parvenir au but proposé.

Voir la composition d'une cohorte, tableau n° 5.

Quant à l'armement des gardes nationaux mobilisables, d'après ce qui a été dit à la page 7 de cet ouvrage, on a aperçu le chiffre total des différentes armes qui se trouvent maintenant entre les mains de la garde nationale. Les résultats du tableau n° 3 démontrent que la garde nationale possède 97,442 fusils en plus que les arsenaux ne lui en ont délivré. Pour pouvoir établir cette comparaison, il a fallu recourir à des recherches laborieuses et par conséquent certaines; en conséquence on a fait ressortir dans chaque département le besoin en armes et l'excédant qui s'y trouve.

Voir par armée le tableau n° 4, de A à K.

Or, comme il faut approximativement pour armer la garde nationale, d'après son effectif de 270 cohortes, 1,035,988 fusils, ci.................................. 1,035,988
et qu'elle en possède........................... 973,856
il manquerait donc pour compléter l'infanterie
à délivrer par les arsenaux.................. 62,132

On sentira bien que les fusils qui se trouvent en plus dans les mains de la garde nationale sont des armes susceptibles d'un examen sérieux avant de les utiliser. Aussi faudrait-il les affecter aux gardes nationaux sédentaires pour ne pas absorber les ressources qu'offrent nos arsenaux.

Voir à ce sujet le tableau n° 3.

L'équipement n'est pas en rapport de nombre avec l'armement, bien moindre que ce dernier; il ne faut pas regarder comme une difficulté insurmontable de pouvoir bientôt parvenir à remplir cette lacune; nous proposons des moyens économiques qui résoudront la difficulté.

Voir pour l'équipement le tableau n° 5.

L'habillement destiné aux gardes nationaux mobilisables ne peut être considéré que comme un motif de dépense assez considérable. Cependant, si l'on voulait admettre les moyens praticables et économiques que nous indiquons, on parviendrait à réduire d'une manière sensible la dépense. A ce sujet, nous proposons des modèles des différens effets à adopter pour les nouveaux soldats chargés de la défense de nos frontières. Nous espérons que nos moyens seront pris en considération.

Voir les observations du tableau n° 5.

Pour jeter les bases de notre ouvrage, nous avons dû recourir à la statistique établie pour en prendre la population départementale, nous avons mis mis en regard le chiffre de la garde nationale à mobiliser ; on remarquera que ce chiffre donnerait un effectif très-considérable ; aussi sommes-nous resté dans la proportion des deux tiers, qui produiraient en hommes de 20 à 35 ans un total de 1,248,403 hommes.

Voir les tableaux n°s 1 et 6, ce dernier, colonne 16.

Ayant ainsi établi notre travail, indiqué le nombre de cohortes, de régimens, de compagnies du train, qui démontre l'immensité des ressources de notre pays, nous arrivons à la comparaison des hommes nécessaires par armée, d'où il ressort un excédant des besoins, ce qui présente sur le produit des 2/3 du nombre à mobiliser une proportion de 11 à 12 pour cent en réduction. Nous passons ensuite aux chevaux que possède la France ; on aperçoit que dans tous les départemens il y a de quoi faire face à tous nos besoins, du moins quant au nombre et sans doute aussi sous le rapport des spécialités. En effet, notre proportion établie pour nous procurer un effectif en chevaux se réduit à 60 sur mille ; on doit donc reconnaître qu'il devient possible d'affecter, sur l'espèce en général par département, à toutes les catégories d'armes diverses le chiffre du nécessaire.

Voir le tableau n° 6, colonnes 20 à 27.

Il découle naturellement de cette base le calcul à établir par spécialité d'armes, non-seulement pour ce qui doit concerner la garde nationale à mobiliser, mais aussi pour arriver à un accroissement d'effectif en chevaux dans la cavalerie de l'armée, artillerie et train des équipages.

Voir le tableau n° 6, colonne 27.

Nous allons démontrer que par la formation d'un certain nombre de cohortes dans chaque département, toujours en nous reposant sur la statistique, nous pourrons faire naître et apparaître instantanément huit cent dix bataillons forts de chacun huit compagnies, dont deux d'élite, ayant en outre tout l'état-major et même une compagnie hors-rang, en tout à peu près semblable à l'organisation actuelle de l'infanterie de l'armée. De ces 810 bataillons nous formerons 270 cohortes, dont chacune serait composée des mêmes élémens que les régimens de l'armée (infanterie).

Chaque cohorte sera forte de trois bataillons.

Voir, pour la composition de l'effectif détaillé d'une cohorte, le tableau n° 5 et les observations qui y font suite.

Il convient d'expliquer maintenant la composition du personnel de la cavalerie de la garde nationale à mobiliser.

La France offre des ressources très-considérables, et certes dans une circonstance urgente elles seraient d'un grand secours, mais nous nous bornons à indiquer un chiffre qui puisse être en rapport avec les besoins présumés.

Nous regardons comme possible de porter l'effectif de la cavalerie à 60 régimens, comprenant les différentes armes, chaque homme armé de lance. Ces diverses armes sont réparties dans les onze régions indiquées au tableau n° 6. Chaque cavalier aurait le sabre et des pistolets. Disons en passant que la lance pour la cavalerie de la garde nationale offre sécurité pour l'attaque comme pour la défense.

Pour former ces 60 régimens, le chiffre dont le personnel doit se composer sera conforme aux règlemens applicables à la cavalerie de l'armée. Cette quantité de régimens serait bien trop forte, on l'a indiquée comme chose praticable.

Voir le tableau n° 7 et sa suite.

On verra au tableau n° 6 que l'on peut former 18 régimens d'artillerie, affectés aux onze armées.

37,314 chevaux sont compris dans la totalité destinée au service de l'armée.

Voir tableau n° 6, colonnes 9, 10 et 22.

Le personnel serait semblable à celui de l'armée.

14 régimens de sapeurs peuvent être formés : chaque régiment aurait 274 chevaux, qui sont le nécessaire pour le service, et une compagnie du train par régiment.

Voir tableau n° 6, colonnes 11, 12 et 23.

Comme pour l'artillerie, le personnel serait semblable à celui de l'armée.

15 compagnies du train des équipages militaires sont réparties dans les différentes armées ; 4,690 chevaux nécessaires leur sont affectés.

Elles seraient organisées comme celles de l'armée.

Voir tableau n° 6, colonnes 14, 15, 23 et 24.

Le tableau n° 7 présente la composition numérique de l'armée nationale.

On remarquera que le produit des deux tiers en hommes de 20 à 35 ans est plus que suffisant pour atteindre le chiffre déterminé à l'effectif de l'armée.

Il y aurait un excédant de 112,415 hommes, qui pourraient rester hors des cadres à former.

On a dû remarquer au tableau n° 6, colonne 19, que cinq régions ont un excédant plus considérable que les autres ; ce sont les régions :

5 Basses-Alpes...............	11,091 hommes.
6 Pyrénées-Orientales.........	16,784
7 Pyrénées-Occidentales.......	10,001
8 de l'Ouest.................	16,381
9 des côtes de la Manche......	8,228
TOTAL......	62,485 hommes.

Nous avons pensé que sur ce nombre d'hommes, tous du littoral de nos côtes, le gouvernement en assignerait, comme gardes nationaux mobiles, une quantité suffisante pour former, d'une part, des bataillons d'infanterie de marine, et de l'autre, des bataillons d'hommes d'équipage de vaisseaux.

Enfin, l'excédant dans chaque département ferait face aux non-valeurs qu'on doit attendre.

Voir le tableau n° 7.

Il en est de même de la comparaison de 6 pour cent prise sur la race chevaline en France.

Après avoir satisfait aux besoins en chevaux des différentes armes de cavalerie mobilisables, on aurait un excédant de 55,650 chevaux disponibles, destinés à la cavalerie de ligne, train des équipages, etc.

Voir les tableaux n°s 6 et 7.

Avant d'entrer dans les considérations générales, il importe de préciser le moyen d'organisation des différentes armes dans les départemens, arrondissemens, cantons et communes.

D'abord, une loi appellerait un nombre déterminé de gardes nationaux pour être mobilisés.

Messieurs les préfets feraient régulariser immédiatement les contrôles des citoyens aptes à cette mobilisation, toujours pris parmi ceux de 20 à 35 ans.

Le gouvernement aurait à décider quel serait le chiffre qu'il veut atteindre. Une fois le travail des départemens disposé sur des bases solides, la signification en serait faite aux sous-préfets et aux maires, qui la transmettraient à chaque citoyen.

Ainsi prévenu à domicile, chaque individu sachant à quelle arme il peut appartenir sollicitera auprès du maire d'entrer soit dans l'infanterie, soit dans la cavalerie ou l'artillerie, sapeurs, etc., si toutefois il est reconnu que le citoyen réunisse les qualités requises. En second lieu, il faudrait avoir égard aux ressources pécuniaires des citoyens, car parmi eux il y a ce sentiment national commun qui établit une heureuse rivalité pour faire partie de telle ou telle arme, où le genre du service, l'uniforme, sont souvent de petites considérations qui font naître le désir bientôt suivi de la détermination.

Dans ce cas, l'autorité locale aurait toute latitude pour décider. L'organisation des compagnies, escadrons, subdivisions et escouades peut donc s'opérer avec toute facilité ; on aurait soin que les hommes d'une même commune et de celles environnantes fussent contrôlés sous un même numéro de compagnie, bataillon ou escadron, afin que les réunions, les prises d'armes, soient faciles et dans une vue d'économie de temps.

La formation des cadres en caporaux et sous-officiers deviendrait tout à fait praticable, puisque les candidats seraient tous connus, par conséquent le choix en serait facile et certain.

Nous devons indiquer ici que pour remplir ces différens emplois la population a des ressources considérables dans les localités par la rentrée dans leurs foyers de plus de 15,000 sous-officiers et d'un nombre relatif de caporaux qui ont fait partie de l'armée active pendant un laps de temps de trois à quatre ans ; ils ont la triture du métier des armes.

On peut admettre que, parmi les sous-officiers qui ont servi dans les différentes armes, il y en a un bon nombre qui se sont retirés chez eux parce qu'ils ne voyaient pas un avancement positif en perspective ; or, ces sujets peuvent être considérés comme une pépinière dans laquelle on trouvera facilement des officiers et surtout des officiers instructeurs.

Tout le monde sait que chaque année il entre dans l'armée française ou dans la réserve 80,000 hommes, que chaque département contribue à cette levée dans une proportion relative à sa population ; par conséquent les libérations successives rendent annuellement à la population un nombre à peu près égal d'hommes.

Il doit donc se trouver maintenant en France, en soldats ayant servi, un nombre très-considérable que nous portons par approximation à un million, tous valides et âgés de 25 à 35 ans.

Il faut remarquer que cette catégorie d'anciens soldats doit être permanente, puisque chaque année l'armée rend à la population ce que d'un autre côté elle reçoit.

On doit donc admettre que ces militaires, tous instruits sur les détails du service, peuvent encore rendre dans la garde nationale mobile d'éminens services et offrir du choix pour les grades de caporaux et de sous-officiers.

Il est bien entendu que les cadres des officiers, des sous-officiers et des caporaux ne seraient point de suite portés au complet, afin que les chefs de corps pussent connaître pendant quelques semaines les sujets indiqués dans les compagnies comme candidats.

D'ailleurs, il faut que dans ces cadres soient compris les officiers, sous-officiers et caporaux instructeurs, dont il sera parlé, car notre proposition ne tend qu'à utiliser comme instructeurs les officiers, sous-officiers et caporaux qui sont sortisde l'armée et qui sont rentrés dans leurs foyers depuis peu de temps.

Parmi les militaires qui seront libérés désormais de l'armée active, on trouverait en sous-officiers et caporaux de quoi maintenir les cadres au complet.

Les simples soldats feraient naturellement partie de la garde nationale. Les jeunes soldats appelés, mais non incorporés, en feraient aussi partie.

Il en serait de même des jeunes soldats dispensés par le sort.

A l'égard des quatorze régimens de sapeurs du génie répartis dans nos onze armées, il faudrait les créer de suite et les mobiliser, vu l'urgence qu'il y a d'activer sur tous les points vulnérables les travaux de fortifications, toujours en portant sur le nord et la ligne de l'est de la France la plus grande activité pour accélérer les travaux de défense. Nous serions d'avis que le gouvernement utilisât de suite cette ressource; il y aurait à attendre de la pratique de ce projet célérité pour obtenir les résultats et économie dans les dépenses; de plus, ces hommes continueraient à s'instruire par la pratique dans les travaux, et ce serait un grand avantage permanent, dont le gouvernement disposerait selon les besoins qui se manifesteraient suivant les circonstances.

Quant aux dix-huit régimens d'artillerie, il faudrait aussi

se hâter de les organiser. Tout le monde sait que tous les points qui vont être fortifiés nécessiteront le concours d'un grand nombre de travailleurs ; les artilleurs, en se livrant à ces travaux, se familiariseraient avec ce genre de service et trouveraient, dans quelques momens de lacune, le temps de se livrer à leur instruction de canonniers. En peu de temps tous les points seraient fortifiés et les artilleurs y seraient placés pour y faire le service.

Tout en s'occupant de fortifier Paris, il faut aussi s'occuper de nos frontières et en même temps de toutes les positions qui seraient susceptibles de couvrir la capitale.

Nos artilleurs mobilisés pourraient être employés à l'armement de nos places fortes et des points principaux.

Nous arrivons à indiquer le nombre des officiers nécessaires dans les différentes armes, en raison de la quantité de régimens.

Pour 270 cohortes, il faut, d'après leur composition :

INFANTERIE.

Colonels	270
Chefs de bataillon, à 3 par cohorte	810
Majors	270
Adjudans-majors, à 3 par cohorte	810
Porte-drapeau	270
Capitaines, à 24 par cohorte	6,480
Lieutenans ...... *idem*	6,480
Sous-Lieutenans.. *idem*	6,480
Trésoriers	270
Officiers d'habillement	270
Adjoints au trésorier	270
Adjoints à l'officier d'habillement	270
Officiers d'armement	270
Chirurgiens-majors	270
Aides-majors, à 3 par cohorte	810
Il faudrait donc un personnel d'officiers de	24,300

Pour parvenir à atteindre ce chiffre, nous proposons au gouvernement d'utiliser :

1° Les officiers en non activité ;
2° Les officiers en retraite ;

3° Les officiers de l'armée voisins de leur retraite ;

4° Les officiers de l'armée qui ne sont pas en état de faire campagne.

Enfin, pour compléter les cadres on aurait recours à l'élection des officiers inférieurs en grade, comme cela se pratique dans la garde nationale, seulement dans une proportion que déterminerait le gouvernement, afin que les officiers de l'armée puissent être utilisés dans cette formation comme instructeurs, etc. Nous nous arrêtons à l'infanterie pour signaler le nombre d'officiers nécessaires, car pour les autres armes le détail en serait trop long; d'ailleurs, comme nous avons fait ressortir la quantité de régimens que l'on peut former, on devrait, d'après le nombre présumé nécessaire, prendre pour base la composition des régimens de l'armée.

D'après le principe établi dans ce travail, nous regardons comme d'une utilité indispensable de former immédiatement un cadre d'instructeurs, dans les localités et pour chaque arme, et aptes à instruire les hommes.

Les instructeurs, officiers, sous-officiers et caporaux, seraient à la nomination du gouvernement.

Nous établirions pour l'infanterie :

1	adjudant-major	par bataillon.
1	lieutenant	*idem.*
1	sous-lieutenant	*idem.*
1	adjudant s.-officier	*idem.*
16	sergens	*idem.*
32	caporaux	*idem.*

Il importerait aussi, d'après notre dispositif, d'organiser les tambours nécessaires dans chaque cohorte.

Par conséquent il faudrait :

1	tambour-major.....	par cohorte.
3	caporaux-tambours.	
et 48	tambours.........	

Ce qui donnerait :

Adjudans-majors........	810
Lieutenans..............	810
Sous-lieutenans.........	810

Adjudans sous-officiers...	810
Sergens................	12,960
Caporaux..............	25,920
Tambours-majors........	270
Tambours-maîtres.......	810
Tambours..............	12,960

POUR LA CAVALERIE.

A six escadrons par régiment.

2	adjudans-majors par régiment.	
3	lieutenans	*idem.*
3	sous-lieutenans	*idem.*
2	adjudans s.-officiers	*idem.*
12	maréchaux des logis	*idem.*
18	brigadiers	*idem.*
1	trompette-major	*idem.*
1	brigadier-trompette	*idem.*
12	trompettes	*idem.*

Ce qui donnerait pour 60 régimens de cavalerie :

Adjudans-majors..........	120
Lieutenans...............	180
Sous-lieutenans..........	180
Adjudans sous-officiers.....	120
Maréchaux des logis.......	720
Brigadiers................	1,080
Trompettes-majors........	60
Brigadiers-trompettes......	60
Trompettes...............	720

POUR L'ARTILLERIE.

Pour les hommes montés.

1	adjudant-major par régiment.	
1	lieutenant	*idem.*
1	sous-lieutenant	*idem.*
1	adjudant s.-officier	*idem.*
6	maréchaux des logis	*idem.*
12	brigadiers	*idem.*
1	brigadier-trompette	*idem.*
6	trompettes	*idem.*

POUR L'ARTILLERIE NON MONTÉE.

2	adjudans-majors par régiment.	
2	lieutenans	*idem.*
2	sous-lieutenans	*idem.*
2	adjudans s.-officiers	*idem.*

13	sergens.........	par régiment.
26	caporaux	*idem.*
1	tambour-major	*idem.*
26	tambours	*idem.*

Ce qui donnerait pour 18 régimens d'artillerie :

Adjudans-majors........	54
Lieutenans..............	54
Sous-lieutenans.........	54
Adjudans..............	54
Maréchaux des logis......	108
Sergens................	234
Brigadiers..............	216
Caporaux................	468
Brigadier-trompette.......	18
Trompettes..............	108
Tambours-majors........	18
Tambours..............	468

POUR LES SAPEURS DU GÉNIE.

Pour 14 *régimens.*

2	adjudans-majors	par régiment.
3	lieutenans	*idem.*
3	sous-lieutenans	*idem.*
2	adjudans s.-officiers	*idem.*
28	sergens	*idem.*
56	caporaux	*idem.*
1	tambour-major	*idem.*
1	caporal-tambour	*idem.*
28	tambours	*idem.*

Ce qui donnerait pour 14 régimens du génie :

Adjudans-majors.........	28
Lieutenans..............	42
Sous-lieutenans..........	42
Adjudans sous-officiers.....	28
Sergens.................	392
Caporaux................	784
Tambours-majors..........	14
Caporaux-tambours........	28
Tambours...............	392

Dans une compagnie du train du génie, on peut admettre pour l'instruction :

1 officier-lieutenant.
2 maréchaux des logis.
4 brigadiers.
1 trompette.

Ce qui donnerait pour 14 compagnies :

14 lieutenans.
28 maréchaux des logis.
56 brigadiers.
14 trompettes.

Et pour une compagnie du train des équipages militaires :

1 lieutenant.
3 maréchaux des logis.
6 brigadiers.
1 trompette.

Ce qui donnerait pour 15 compagnies :

15 lieutenans.
45 maréchaux des logis.
90 brigadiers.
15 trompettes.

Comme les compagnies, bataillons, escadrons et régimens seraient composés des hommes des communes les plus rapprochées les unes des autres, les instructeurs seraient placés dans celles qui seraient les plus considérables.

Les adjudans-majors, dirigeant l'instruction en général, seraient placés, avec les adjudans sous-officiers, au chef-lieu de l'état-major du bataillon ; les tambours-majors et tambours-maîtres seraient placés au centre des localités, de manière à pouvoir réunir leurs tambours pour les instruire.

Les officiers et les sergens seraient placés au centre de la compagnie, dans les villages les plus vastes et à portée de leurs subdivisions.

Les caporaux, de même, au centre de leurs escouades.

Ces instructeurs, ainsi posés, se livreraient à l'instruction des hommes les dimanches et jours fériés.

Il est entendu que l'on puiserait pour trouver des officiers instructeurs des différentes armes parmi les officiers en congé illimité, en retraite ; parmi ceux de l'armée qui auraient peu de temps à attendre pour leur retraite et ceux qui ne sont pas en état d'entrer en campagne. Plus de 15,000 sous-officiers qui ont servi dans l'armée offrent une ressource immense pour en faire des instructeurs et même des officiers instructeurs.

Les instructeurs, constamment occupés, recevraient la solde allouée à leurs différens grades, d'après un tarif qui serait arrêté par le ministre de la guerre.

Indépendamment du pain que l'on accorderait aux sous-officiers, caporaux et tambours instructeurs, il conviendrait, en raison de leur isolement, que leur solde fût en rapport avec cette position.

Le choix des officiers instructeurs mérite une attention particulière : on présenterait, dans les départemens, des candidats pour chaque grade qui seraient soumis à la nomination du roi.

Nous présentons ci-après le tableau de la dépense approximative que l'organisation des cadres d'instructeurs occasionnerait.

	SOLDE par an.	MONTANT.	TOTAL PAR ARME.	
INFANTERIE.				
	f. c.	f. c.		
810 adjudans-majors..	1,800 »	1,458,000 »		
810 lieutenans........	1,300 »	1,053,000 »		
810 sous-lieutenans...	1,100 »	891,000 »		
810 adjud. s.-officiers.	584 »	473,040 »	f. c.	
12,960 sergens..........	255 50	3,311,280 »	21,797,100 »	
25,920 caporaux........	200 75	7,128,000 »		
270 tambours-majors..	547 50	147,825 »		
810 caporaux-tambours	255 50	206,955 »		
12,960 tambours........	200 75	7,128,000 »		f. c.
Habillement et équipement des sous-officiers, caporaux et soldats.				25,829,469 »
810 adjud. s.-officiers.	215 »	174,150 »		
12,960 sergens..........	67 75	878,040 »		
25,920 caporaux.........	61 50	1,594,080 »	4,032,369 »	
270 tambours-majors...	400 »	108,000 »		
810 capor.-tambours...	89 90	72,819 »		
12,960 tambours........	93 »	1,205,280 »		
			A reporter....	25,829,469 »

	SOLDE par an.	MONTANT.	TOTAL PAR ARME.	
			Report....	fr. c. 25,829,469 »
CAVALERIE.				
	fr. c.	fr. c.		
120 adjudans-majors...	1,900 »	228,000 »		
180 lieutenans........	1,380 »	248,400 »		
180 sous-lieutenans. ..	1,160 »	208,400 »		
120 adjud. s.-officiers .	730 »	87,600 »	fr. c.	
720 maréchaux des logis	292 »	210,240 »	1,411,965 »	
1,080 brigadiers........	219 »	236,520 »		
60 trompettes-majors.	638 75	38,325 »		
60 brigad.-trompettes.	219 »	13,140 »		
720 trompettes.......	260 75	140,940 »		
Habillement et équipement des sous-officiers, brigadiers et trompettes.				1,713,495 »
120 adjud. s.-officiers. .	281 »	33,720 »		
720 maréch. des logis..	82 35	59,292 »		
1,080 brigadiers.	68 »	73,440 »	301,530 »	
60 trompettes-maj. ...	460 »	27,600 »		
60 brig.-trompettes...	96 75	40,050 »		
720 trompettes........	93 65	67,428 »		
ARTILLERIE.				
54 adjudans-majors. .	1,900 »	102,600 »		
54 lieutenans........	1,380 »	74,520 »		
54 sous-lieutenans. ..	1,160 »	62,640 »		
54 adjud. s.-officiers.	730 »	39,420 »		
108 maréch. des logis..	292 »	31,536 »		
234 sergens..........	255 50	60,187 »		
216 brigadiers........	219 »	47,304 »	642,224 »	
468 caporaux.........	200 75	93,951 »		
18 brigad.-trompettes.	255 50	4,599 »		
108 trompettes.......	200 75	21,681 »		
18 tambours-majors..	547 50	9,855 »		
468 tambours.	200 75	93,951 »		
Habillement et équipement des sous-officiers, brigadiers, trompettes et tambours.				788,395 »
54 adjud. s.-officiers..	281 »	15,174 »		
108 maréch. des logis..	82 35	8,893 80		
234 sergens..........	67 75	15,853 50		
216 brigadiers........	68 »	14,688 »		
468 caporaux.........	61 50	28,782 »	146,171 »	
18 brig.-trompettes...	96 75	1,741 50		
108 trompettes	93 65	10,114 20		
18 tambours-majors..	400 »	7,200 »		
468 tambours.........	93 »	43,724 »		
			A reporter....	28,331,359 »

	SOLDE par an.	MONTANT.	MONTANT PAR ARME.	
GÉNIE.			*Report*....	fr. c. 28,331,359 »
	fr. c.	fr. c.		
28 adjudans-majors...	1,800 »	50,400 »		
42 lieutenans........	1,300 »	54,600 »		
42 sous-lieutenans...	1,100 »	46,200 »		
28 adjud. s.-officiers .	584 »	16,352 »	fr. c.	
392 sergens..........	255 50	100,156 »	518,609 »	
784 caporaux.........	200 75	157,388 »		
14 tambours-majors. .	547 50	7,665 »		
28 caporaux-tambours.	255 50	7,154 »		
392 tambours.........	200 75	78,694 »		
Habillement et équipement des sous-officiers, caporaux et tambours.				643,846
28 adjud. s.-officiers..	215 »	6,020 »		
392 sergens..........	67 75	26,558 »		
784 caporaux.........	61 50	48,136 »		
14 tambours-majors...	400 »	5,600 »	125,237 20	
28 capor.-tambours ..	89 90	2,517 20		
392 tambours	93 »	36,406 »		
COMPAGNIE DU TRAIN DU GÉNIE.				
14 lieutenans........	1,380 »	19,320 »		
28 maréch. des logis.	392 »	10,976 »	45,370 50	
56 brigadiers........	219 »	12,264 »		
14 trompettes........	200 75	2,810 50		
Habillement et équipement des sous-officiers, brigadiers et trompettes.				52,795 40
28 maréch. des logis..	82 35	2,305 80		
56 brigadiers........	68 »	3,808 »	7,424 90	
14 trompettes	93 65	1,311 10		
COMPAGNIE DU TRAIN DES ÉQUIPAGES MILITAIRES.				
15 lieutenans........	1,380 »	20,700 »		
45 maréch. des logis..	392 »	17,640 »		
90 brigadiers........	219 »	19,710 »	61,061 25	
15 trompettes........	200 75	3,011 25		
Habillement et équipement des sous-officiers, brigadiers et trompettes.				72,291 75
45 maréch. des logis.	82 35	3,705 75		
90 brigadiers........	68 »	6,120 »	11,230 56	
15 trompettes........	93 65	1,404 75		

La dépense approximative pour la formation des instructeurs s'élèverait donc à.. 29,100,292 35

Il convient d'établir, sous le rapport de la durée assignée aux effets d'habillement et de grand équipement, la proportion de dépense pour une année.

Or, la dépense pour la solde des instructeurs pendant une année monterait :

	fr. c.	fr. c.
Pour l'infanterie, à	21,797,100 »	
— la cavalerie, à	1,411,965 »	
— l'artillerie, à	642,224 »	
— le génie, à	518,609 »	24,476,329 75
— les compagnies du train, à	45,370 50	
— — des équipages militaires, à	61,061 25	

Nous évaluons comme suit le montant des effets d'habillement et de grand équipement :

	HABILLEMENT.	ÉQUIPEMENT.	
	fr. c.	fr. c.	
Infanterie	941,310 »	470,655 »	
Cavalerie	201,020 »	100,510 »	
Artillerie	97,448 »	48,723 »	
Génie	83,491 47	41,745 73	
Compagnies du train du génie	4,949 94	2,474 96	
Compagnies du train des équipages militaires	7,487 »	3,743 50	
Totaux	1,335,706 41	667,852 19	
Nous assignons pour terme commun aux effets d'habillement trois ans de durée, soit donc le tiers, donnant	445,235 47	»	478,628 48
Et aux effets d'équipement vingt ans de durée, soit donc un vingtième, donnant	....	33,392 61	
Partant, la dépense annuelle ne serait donc que de			24,954,958 23

Nous estimons, terme commun aux différentes armes,

qu'un garde national à mobiliser peut coûter, d'après les prix que nous avons indiqués :

Pour l'habillement.....	57 f. 20 c.	sac compris.
Pour l'équipement.....	6 f. 00 c.	
Montant par homme à..	63 f. 20 c.	

Il faudrait donc pour 1,135,988 hommes la somme de....................	71,794,441 f. 60 c.
Nous admettons que l'entretien annuel peut être évalué à..............	23,931,480 f. 53 c.

La dépense que nous avons indiquée ci-dessus n'est qu'à titre de renseignemens, afin d'arriver à l'aide du temps à un changement d'uniforme que l'on pourrait admettre; mais le costume de la garde nationale est celui qu'il conviendrait de donner aux citoyens que le gouvernement voudrait mobiliser; dans ce cas, nous en établissons la dépense approximative comme suit :

Habit..........	22 f. « c.	67 f. 50 c.	76 f. « c.
Capote.........	26 «		
Pantalon de drap.	11 «		
Coiffure........	8 50		
Havre-sac..................		8 50	
Plus, pour l'équipement comme ci-dessus...			6 «
Montant par homme.......			82 «

Or, la dépense pour 1,135,988 hommes, s'élèverait donc à.................................. 93,151,016 f. » c.

Il résulterait donc que pour entretenir ce nombre d'hommes il en coûterait chaque année environ 50 millions, et la France aurait une armée considérable à pouvoir mettre sous les armes en moins de quinze jours.

Nous n'avons pas traité de la solde des officiers et soldats à mobiliser, parce qu'ils ne devraient être payés que quand ils seraient appelés activement.

Nous ne prétendons pas que cette masse d'hommes soit

mise sous les armes, mais nous insistons pour que l'organisation ait lieu de suite et que l'on s'occupe de l'instruction en même temps que de relever et perfectionner les fortifications.

Les régimens d'artillerie et de sapeurs du génie compris dans ce plan en donnent les moyens.

Le gouvernement peut mobiliser dans ces différentes armes le nombre d'hommes nécessaires pour faire face aux besoins.

Il faut bien se rappeler que pour mobiliser il faut une organisation faite d'avance ; une fois établie, la mobilisation devient facile sur telle échelle que le gouvernement voudra.

En établissant nos calculs sur les deux tiers des hommes de 20 à 35 ans susceptibles d'être mobilisés, tout le monde sentira que l'on peut atteindre cette proportion sur l'ensemble et rendre positif le chiffre que nous signalons, qui est de 1,248,403 hommes.

La partie restante ferait grandement face aux non-valeurs et aux cas d'exemptions nécessiteuses.

TABLEAUX

A l'appui de l'ouvrage relatif aux Gardes nationaux mobilisables.

1840.

[TABLEAU N° 1.]

RÉSUMÉ

DE L'EFFECTIF DES ONZE ARMÉES.

ARMÉE.	DÉSIGNATION.	GARDES NATIONAUX.	LIGNE.	TOTAL.
1	2.	3.	4.	5.
1re	Armée du Nord...........	209,600	[1] 80,000	289,600
2.	— des Ardennes et Moselle.............	166,200	80,000	246,200
3.	— du Rhin............	157,300	80,000	237,300
4.	— Hautes-Alpes.	70,300	40,000	110,300
5.	— Basses-Alpes........	94,800	30,000	124,800
6.	Pyrénées-Orientales.	100,500	20,000	120,500
7.	— Occidentales.	104,700	20,000	124,700
8.	— côtes de l'Ouest...	112,800	60,000	172,800
9.	— de la Manche.....	64,300	20,000	84,300
10.	Réserve de Lyon.	68,000	25,000	93,000
11.	— de Dijon...........	99,300	20,000	119,300
	Totaux[2].....	1,247,800	475,000	1,722,800
	[1] Plus l'armée belge, s'élevant à..................			80,000
	[2] On a abandonné les chiffres fractionnaires dans chaque armée.			
	Effectif..................			1,802,800

OBSERVATIONS.

Dans la colonne 3 on a négligé la fraction du nombre d'hommes ressortant du calcul des deux tiers.

[TABLEAU N° 2.]

POPULATION DE LA FRANCE,

Gardes nationaux à mobiliser et nombre de chevaux en France.

DÉPARTEMENS.	POPULATION	GARDES NATIONAUX susceptibles d'être mobilisés.	GARDES NATIONAUX les deux tiers à prendre pour mobiliser.	NOMBRE de CHEVAUX en France.
1.	2.	3.	4.	5.
Ain	346,040	20,740	13,824	10,000
Aisne	513,000	30,588	20,324	69,414
Allier	298,257	18,683	12,528	14,000
Alpes (Basses-)	155,896	10,274	6,848	3,000
Alpes (Hautes-)	129,102	8,251	5,460	3,000
Ardèche	340,734	20,057	13,332	9,000
Ardennes	289,622	17,097	11,744	57,000
Ariége	258,121	17,559	11,666	3,000
Aube	246,361	14,419	9,613	40,000
Aude	270,125	17,749	11,832	10,000
Aveyron	359,056	23,996	15,997	9,000
Bouches-du-Rhône	359,473	21,550	14,366	10,000
Calvados	494,702	26,761	17,840	80,000
Cantal	258,594	18,088	12,058	16,000
Charente	362,531	21,427	14,285	16,000
Charente-Inférieure	445,249	22,892	15,260	14,000
Cher	256,059	18,675	15,261	16,000
Corrèze	294,834	20,288	13,524	6,500
Corse	195,407	«	«	«
Côte-d'Or	375,877	23,578	15,052	50,000
Côtes-du-Nord	598,872	38,226	25,484	75,000
Creuse	265,384	18,241	12,160	5,000
Dordogne	482,750	28,763	19,175	10,000
Doubs	265,535	19,430	12,886	30,000
Drôme	299,556	17,973	11,982	13,000
Eure	424,248	21,499	14,332	47,000
Eure-et-Loir	278,820	13,830	9,220	40,000
Finistère	524,896	31,440	20,960	70,000
Gard	357,383	24,987	16,658	22,000
A reporter	....	587,661	398,671	747,914

DÉPARTEMENS.	POPULATION	GARDES NATIONAUX susceptibles d'être mobilisés.	les deux tiers à prendre pour mobiliser.	NOMBRE de CHEVAUX en France.
1.	2.	3.	4.	5.
Report....	....	587,661	398,671	747,914
Garonne (Haute-). ...	427,856	27,961	18,641	13,000
Gers.	312,160	18,031	12,020	18,000
Gironde.	554,225	33,240	22,160	10,000
Hérault.	346,207	23,333	15,554	10,000
Ille-et-Vilaine.	547,052	9,599	3,199	62,000
Indre..............	245,289	15,660	10,440	22,000
Indre-et-Loire.	297,016	14,983	9,988	30,000
Isère.	550,258	33,015	22,010	18,000
Jura.	312,504	20,593	13,728	21,000
Landes.	281,504	16,890	11,260	12,000
Loir-et-Cher.........	235,750	12,066	8,044	30,000
Loire..	391,216	24,082	16,054	4,000
Loire (Haute-).	292,078	16,521	11,014	8,000
Loire-Inférieure.	470,096	22,200	14,800	50,000
Loiret.	305,276	16,490	10,993	27,000
Lot.	283,827	16,893	11,262	4,000
Lot-et-Garonne.	346,885	18,699	12,466	7,500
Lozère.	140,347	8,973	5,982	5,000
Maine-et-Loire.......	467,871	28,080	18,720	8,000
Manche.	591,284	33,232	22,154	95,000
Marne.	337,076	19,586	13,057	50,000
Marne (Haute-)......	249,827	15,437	10,290	48,000
Mayenne.	352,586	«	«	40,000
Meurthe.	415,568	26,426	17,617	80,000
Meuse.	314,588	19,228	12,818	67,000
Morbihan.	433,522	«	«	40,000
Moselle.	417,003	22,070	14,713	63,000
Nièvre.	282,521	18,020	12,013	17,000
Nord.	989,938	60,974	40,649	70,000
Oise.	397,725	24,446	16,297	50,000
Orne.	441,881	24,864	16,576	57,000
Pas-de-Calais........	655,215	39,079	26,052	90,000
Puy-de-Dôme.	573,106	34,380	22,980	13,000
Pyrénées (Hautes-)...	233,031	14,977	9,984	9,000
Pyrénées (Basses-). ..	428,401	24,642	16,428	4,000
Pyrénées (Orientales)..	157,052	9,485	6,323	60,000
Rhin (Bas-).........	540,213	28,702	19,134	55,000
A reporter....	....	1,373,118	919,090	2,015,414

DÉPARTEMENS.	POPULATION	GARDES NATIONAUX susceptibles d'être mobilisés.	GARDES NATIONAUX les deux tiers à prendre pour mobiliser.	NOMBRE de CHEVAUX en France.
1.	2.	3.	4.	5.
Report....	....	1,373,118	919,090	2,015,414
Rhin (Haut-)........	424,258	27,819	18,546	26,000
Rhône.............	434,429	25,563	17,052	6,000
Saône (Haute-).......	338,910	21,783	14,522	22,000
Sarthe..............	457,372	26,138	17,425	18,000
Saône-et-Loire.......	523,970	30,256	20,187	20,170
Seine.............	935,108	55,100	36,666	40,000
Seine-Inférieure......	693,683	37,171	24,780	80,000
Seine-et-Marne......	323,893	18,403	12,268	22,000
Seine-et-Oise........	448,180	24,577	16,384	50,000
Sèvres (Deux-).......	294,850	17,900	11,933	32,000
Somme.............	543,704	32,610	21,740	75,000
Tarn...............	335,844	20,367	13,578	5,000
Tarn-et-Garonne.....	224,250	18,765	12,510	8,000
Var................	317,501	19,020	12,680	6,000
Vaucluse...........	239,113	14,142	9,428	16,000
Vendée............	330,350	9,900	6,600	22,000
Vienne............	282,731	16,643	11,095	20,000
Vienne (Haute-)......	285,130	17,460	11,640	12,000
Vosges............	397,987	24,462	16,308	45,000
Yonne........... ..	352,487	20,756	13,837	25,000
Totaux.....	....	1,851,953	1,236,259	2,565,584

OBSERVATION.

Les départemens de la Corse et du Morbihan ne figurent point dans les 3e et 4e colonnes.

[TABLEAU 3.]

ÉTAT présentant

1° Les gardes nationaux pourvus d'armes, d'équipemens et d'habillemens;

2° Armes délivrées des arsenaux;

3° Hommes d'artillerie, sapeurs-pompiers et de cavalerie.

DÉPARTEMENS.	GARDES NATIONAUX pourvus			ARMES DÉLIVRÉES DES ARSENAUX.			IL EXISTE EN HOMMES		
	d'armes.	d'équipemens.	d'habillemens.	Fusils.	Mousquetons.	Canons	d'artillerie.	sapeurs-pompiers.	de cavalerie.
1.	2.	3.	4.	5.	6.	7.	8.	9.	10.
Ain.	9,974	5,479	10,229	10,562	334	8	198	633	45
Aisne.	17,255	14,263	16,227	16,882	281	18	235	2,194	801
Allier.	6,467	1,400	3,087	5,808	100	2	112	166	28
Alpes (Basses-) . .	2,962	611	901	3,785	50	2	152	«	«
Alpes (Hautes-). .	4,884	611	1,466	3,910	247	8	278	57	31
Ardèche	6,212	1,782	4,790	5,390	100	2	58	120	«
Ardennes.	17,361	9,838	12,601	17,442	45	14	401	2,487	207
Ariége	4,036	164	1,229	4,833	537	2	21	«	33
Aube.	9,234	4,115	6,069	9,845	105	6	102	2,524	75
Aude.	3,236	914	1,584	3,079	73	2	63	95	«
Aveyron	3,810	1,039	2,323	3,556	160	4	96	«	123
Bouch.-du-Rhône	11,246	6,132	6,747	10,055	194	12	269	160	132
Calvados.	13,866	7,244	20,869	14,003	220	10	313	819	172
Cantal	3,361	786	991	4,700	200	2	«	20	20
Charente.	3,687	1,766	2,735	3,448	65	2	61	68	44
Charente-Infér. .	13,391	5,927	6,768	11,781	1,045	20	1,156	403	469
Cher	6,003	1,684	3,689	4,989	180	2	81	296	54
Corrèze.	2,172	585	2,458	2,308	43	2	«	51	«
Corse.	«	«	«	«	«	«	«	«	«
Côte-d'Or.	21,967	8,781	9,338	13,279	766	22	378	1,351	31
Côtes-du-Nord. .	4,614	3,049	2,692	5,766	255	12	207	444	18
Creuse	2,437	639	1,665	2,158	«	«	«	«	«
Dordogne	5,132	1,456	8,108	5,508	56	2	148	52	61
Doubs	14,431	6,195	16,104	13,013	501	13	439	1,116	251
Drôme	10,713	5,429	9,558	8,948	45	4	100	404	«
Eure	9,593	6,731	10,843	6,753	50	2	46	1,178	155
Eure-et-Loir. . .	6,719	2,987	6,548	5,022	60	2	55	770	«
Finistère	6,709	3,216	5,627	6,649	297	9	162	199	54
Gard	13,488	12,565	16,717	12,610	220	4	110	250	170
Garonne (Haute-)	11,187	4,869	6,936	12,400	«	«	«	22	212
Gers	5,800	792	2,029	5,700	»	2	«	60	«
A reporter . .	251,947	121,049	200,928	234,182	6,229	190	5,241	15,939	3,186

DÉPARTEMENS.	GARDES NATIONAUX pourvus			ARMES DÉLIVRÉES DES ARSENAUX.			IL EXISTE EN HOMMES		
	d'armes.	d'équipemens.	d'habillemens.	Fusils.	Mousquetons.	Canons	d'artillerie.	sapeurs-pompiers.	de cavalerie.
1.	2.	3.	4.	5.	6.	7.	8.	9.	10.
Report	251,947	121,049	200,928	234,182	6,229	190	5,241	15,939	3,186
Gironde	15,179	8,340	8,721	16,994	446	16	505	167	110
Hérault.	7,843	4,171	5,849	7,414	322	6	230	83	101
Ille-et-Vilaine. .	9,428	4,296	4,676	9,428	«	«	247	419	44
Indre.	3,649	1,606	2,502	3,449	70	2	72	305	69
Indre-et-Loire . .	9,317	3,360	8,125	9,624	138	6	95	446	50
Isère	25,809	7,293	10,586	23,703	380	16	180	665	194
Jura	10,637	3,360	4,885	9,840	188	6	164	1,128	20
Landes	4,675	1,100	1,961	6,530	131	«	100	95	22
Loir-et-Cher. . .	7,706	3,653	2,978	6,500	173	6	169	450	51
Loire.	9,064	3,680	4,659	10,361	223	9	328	«	100
Loire (Haute-). .	2,729	1,283	1,444	3,448	100	2	36	93	48
Loire-Inférieure.	10,476	4,461	5,615	12,309	638	6	419	309	102
Loiret.	9,421	5,502	10,656	8,432	151	5	122	1,616	80
Lot	5,429	928	3,066	4,970	«	2	69	102	105
Lot-et-Garonne .	6,629	1,506	3,591	6,754	«	8	282	116	65
Lozère	2,329	865	3,522	2,100	40	2	45	102	«
Maine-et-Loire. .	14,303	5,970	9,807	13,590	313	6	193	493	63
Manche.	9,996	3,861	5,433	9,994	266	14	384	826	«
Marne	15,765	9,429	17,622	13,301	508	20	344	3,708	283
Marne (Haute-) .	12,256	5,673	9,267	12,022	200	8	292	1,297	60
Mayenne	4,365	1,529	3,680	3,680	«	«	«	213	«
Meurthe	42,288	6,049	11,408	14,718	397	4	319	1,505	270
Meuse	21,805	12,532	15,137	14,082	538	12	315	1,395	136
Morbihan.	5,678	2,828	3,831	5,405	389	6	461	244	»
Moselle.	15,956	6,774	9,625	13,005	671	8	477	253	»
Nièvre	5,103	2,757	4,733	5,920	82	2	86	327	90
Nord	28,327	13,340	18,984	25,655	383	31	1,254	1,713	208
Oise.	9,673	6,811	14,822	9,075	140	10	661	1,744	116
Orne	5,822	4,155	8,846	5,645	66	2	69	296	33
Pas-de-Calais . .	11,082	5,689	6,677	10,478	134	17	766	1,228	184
Puy-de-Dôme . .	6,921	3,245	5,427	6,200	135	4	145	258	75
Pyrénées (Hautes)	6,431	1,845	2,969	6,150	159	6	127	201	88
Pyrénées-Orient..	2,596	«	1,074	6,312	100	4	403	130	20
Pyrénées (Basses-)	13,770	2,005	3,832	13,478	243	6	143	238	85
Rhin (Bas-). . . .	22,421	15,609	14,439	23,008	194	12	922	373	1,412
Rhin (Haut-). . .	29,015	12,327	13,602	26,673	833	10	432	1,734	455
Rhône	14,246	9,433	16,593	8,625	198	18	69	500	121
Saône (Haute-), .	10,000	9,224	11,107	12,782	183	8	189	1,015	43
Sarthe	9,789	5,422	12,327	9,436	546	9	206	636	«
Saône-et-Loire. .	10,197	4,921	8,502	8,625	267	12	303	670	32
Seine.	81,932	81,932	81,932	66,810	1,726	26	36	1,113	925
Seine-Inférieure.	28,919	20,305	38,795	19,838	680	22	661	1,744	116
A reporter . .	830,923	429,118	634,235	740,545	18,580	559	17,561	45,889	9,162

DÉPARTEMENS.	GARDES NATIONAUX pourvus			ARMES DÉLIVRÉES DES ARSENAUX.			IL EXISTE EN HOMMES		
	d'armes.	d'équipemens.	d'habillemens.	Fusils.	Mousquetons.	Canons	d'artillerie.	sapeurs-pompiers.	de cavalerie.
1.	2.	3.	4.	5.	6.	7.	8.	9.	10.
Report	830,923	429,118	634,235	740,545	18,580	559	17,561	45,889	9,162
Seine-et-Marne. . .	17,178	9,737	20,926	16,045	170	6	141	1,847	15
Seine-et-Oise. . .	34,617	16,467	33,024	33,532	321	10	236	937	150
Sèvres (Deux-) . .	7,033	2,648	6,657	6,700	115	4	79	99	52
Somme.	11,986	6,246	8,492	15,683	505	11	345	974	148
Tarn	6,214	1,073	2,242	5,819	60	4	96	184	«
Tarn-et-Garonne.	4,496	807	2,066	5,588	117	2	65	«	91
Var.	9,214	3,262	5,815	8,200	492	8	244	«	51
Vaucluse.	8,327	6,738	7,732	5,677	«	«	240	«	91
Vendée.	5,797	2,011	2,188	8,390	299	2	190	109	131
Vienne.	5,483	2,859	5,684	7,100	125	6	123	178	47
Vienne (Haute-) .	5,381	2,000	3,232	4,966	120	2	129	18	78
Vosges . . . . , .	11,389	6,575	9,726	10,155	423	11	259	2,663	204
Yonne	15,518	8,099	11,461	8,014	42	2	86	1,314	104
TOTAUX. . . .	973,556	497,640	753,480	876,414	21,369	627	19,803	54,212	10,324

NOTA. La Corse, qui ne figure pas à la statistique, n'a pas été comprise ici, ce qui explique la différence qui existe entre les chiffres des 5e et 6e colonnes et ceux de la page 7 pour les fusils et mousquetons.

OBSERVATIONS.

Nous nous bornons à signaler la différence qui existe entre les fusils qui se trouvent entre les mains de la garde nationale et ceux délivrés des arsenaux.

La garde nationale a en mains.................. 973,556
Les arsenaux ne lui ont délivré que............. 876,414

Elle a donc en plus.......................... 97,142 fusils.

Quant à l'habillement et à l'équipement existans, il y a dans le nombre d'hommes qui en sont pourvus des gardes nationaux qui appartiendront aux six catégories et qui seraient de suite nantis.

[TABLEAU N° 4.]
A.

1re RÉGION.

ARMÉE DU NORD.

DÉPARTEMENS.	Nombre de cohortes.	Quantité de canons dans les départemens.	NOMBRE D'HOMMES A ASSIGNER AUX DIFFÉRENTES ARMES DE : Infanterie.	Cavalerie.	Artillerie.	Sapeurs.	TRAIN du génie.	TRAIN des équipages militaires.	Produit des deux tiers des hommes de 20 à 35 ans par département.	QUANTITÉ DE CHEVAUX à affecter AUX DIFFÉRENTES ARMES DE : Cavalerie.	Artillerie.	Du génie.	Des équipages militaires.	FUSILS. Manquant au complet.	FUSILS. Excédant le complet.	Chevaux dans chaque département.
1.	2.	3.	4.	5.	6.	7.	8.	9.	10.	11.	12.	13.	14.	15.	16.	17.
Pas-de-Calais	5	17	18,355	1,744	1,048	672	26	56	26,052	1,744	622	55	101	15,574	«	90,000
Nord.	11	31	40,381	872	1,746	1,343	26	56	40,649	872	622	55	101	14,994	«	70,000
Somme.	5	11	18,355	1,744	698	336	26	56	21,740	1,744	622	55	101	8,958	«	75,000
Oise	4	10	14,684	872	699	336	26	56	16,297	872	622	55	101	7,222	«	50,000
Seine-Inférieure. . .	6	22	22,036	1,744	1,048	672	25	56	24,780	1,744	622	55	101	4,942	«	80,000
Orne.	3	2	11,013	872	349	336	25	56	16,576	872	622	55	100	10,931	«	57,000
Eure	3	2	11,013	872	349	336	25	56	14,332	872	622	55	100	7,579	«	47,000
Eure-et-Loir.	2	2	7,312	872	349	336	25	56	9,220	872	622	55	100	4,198	«	40,000
Calvados.	4	10	14,684	1,744	1,048	336	25	55	17,840	1,744	622	54	100	3,837	«	80,000
Manche	4	14	14,684	1,744	1,048	671	25	55	22,154	1,744	621	54	100	12,160	«	95,000
	47	121														
Totaux des hommes . .	. . .	. . .	172,537	13,080	8,382	5,374	254	558	209,640	. . . .	. . .	. .	. . .	. . .	«	. . . .
Totaux des chevaux . .	. . .	. . .	. . . .	. . . .	. . .	. . .	. .	. . .	. . . .	13,080	6,219	548	1,005	. . .	«	684,000
Fusils manquant au complet . . .														90,395	«	. . . .

1re RÉGION. *Observations.*

Cette région se compose de dix départemens qui ont déjà à leur disposition 121 pièces de canon.

Cette région, ou armée du Nord, aurait :

47 cohortes d'infanterie.
15 régimens de cavalerie.
3 régimens d'artillerie.
2 régimens de sapeurs.
2 compagnies du train du génie et
3 compagnies du train des équipages militaires.

Le produit de 2/3 en hommes de 20 à 35 ans étant de	209,640
Les hommes nécessaires pour cette armée n'étant que de	200,185
Il y aurait donc un excédant de	9,455

Le nombre de fusils manquant au complet, indiqués aux colonnes 15 et 16, ressort de la comparaison du nombre d'hommes à prendre dans chaque département avec les armes délivrées des arsenaux de l'État.

Les chevaux indiqués colonne 17 composent la race chevaline dans chaque département de cette région, qui en produit. 684,000

La proportion de 6 0/0 sur ce nombre donnerait	41,040 chevaux.
Les besoins de l'armée du Nord pour les différentes armes de la garde nationale mobile ne comporteraient que	20,852
Partant, il resterait disponible pour les besoins de l'armée de ligne (cavalerie, etc.)	20,188

Voir le tableau récapitulatif n° 6.

[TABLEAU N° 4.]

B.

2e RÉGION.

ARMÉE D'ARDENNES ET MOSELLE.

DÉPARTEMENS.	Nombre de cohortes.	Quantité de canons dans les départemens.	NOMBRE D'HOMMES A ASSIGNER AUX DIFFÉRENTES ARMES DE : Infanterie.	Cavalerie.	Artillerie.	Sapeurs.	TRAIN du génie.	TRAIN des équipages militaires.	Produit des deux tiers des hommes de 20 à 35 ans par département.	QUANTITÉ DE CHEVAUX à affecter AUX DIFFÉRENTES ARMES DE : Cavalerie.	Artillerie.	Du génie.	Des équipages militaires.	FUSILS. Manquant au complet.	FUSILS. Excédant le complet.	Chevaux dans chaque département.
1.	2.	3.	4.	5.	6.	7.	8.	9.	10.	11.	12.	13.	14.	15.	16.	17.
Ardennes	3	14	11,013	1,744	1,397	672	26	38	13,824	1,744	622	55	67	«	3,618	57,000
Aisne	3	18	11,013	1,744	699	336	26	38	20,314	1,744	622	55	67	3,432	«	69,000
Marne	3	20	11,013	872	698	336	26	37	13,057	872	622	55	67	«	244	50,000
Seine-et-Marne	3	6	11,013	872	349	336	26	37	12,268	872	622	55	67	«	3,777	22,000
Seine-et-Oise	2	10	7,342	872	699	336	25	37	16,384	872	622	55	67	«	7,148	50,000
Moselle	3	8	11,013	1,744	1,398	1,342	25	37	14,713	1,744	622	55	67	1,708	«	63,000
Aube	3	6	7,342	872	349	336	25	37	9,613	872	622	55	67	«	232	40,000
Seine	10	26	36,710	872	1,398	672	25	37	37,666	872	622	55	67	«	29,144	40,000
Meurthe	4	4	14,684	1,744	698	672	25	37	17,617	1,744	622	54	67	2,899	«	80,000
Meuse	3	12	11,013	1,744	697	336	25	37	12,818	1,744	621	54	67	«	1,264	67,000
	36	124														
TOTAUX des hommes	...	...	132,156	13,080	8,382	5,374	254	372	166,274	......	......	...	......	8,039	......	......
TOTAUX des chevaux	...	...	.....	......	.....	......	...	......	......	13,080	6,219	548	670	......	......	538,000
L'excédant en armes est de															45,427	
Le manque au complet de															8,039	
Il y aurait en plus															37,388	

2e RÉGION. *Observations.*

Cette région se compose de dix départem ns qui ont déjà à leur disposition 124 pièces de canon.

Cette région, ou armée d'Ardennes et Moselle, aurait :

36 cohortes d'infanterie.
15 régimens de cavalerie.
3 régimens d'artillerie.
2 régimens de sapeurs.
2 compagnies du train du génie et
2 compagnies du train des équipages militaires.

Le produit des 2/3 en hommes de 20 à 35 ans étant de.................................. 166,274

Les hommes nécessaires pour cette armée n'étant que de.................................. 159,638

Il y aurait donc un excédant de............. 6,636

Le nombre des fusils manquant au complet, déduction faite de l'excédant, indiqués aux colonnes 15 et 16, ressort de la comparaison du nombre d'hommes à prendre dans chaque département avec les armes délivrées des arsenaux de l'État.

Les chevaux indiqués colonne 17 composent la race chevaline dans chaque département de cette région, qui en produit.......................... 538,000

La proportion de 6 0/0 sur ce nombre donnerait...................... 32,280 chevaux.

Les besoins de l'armée d'Ardennes et Moselle pour les différentes armes de la garde nationale mobile ne comporteraient que........................ 20,517

Partant, il resterait disponible pour les besoins de l'armée de ligne (cavalerie, etc.) 11,763

Voir le tableau récapitulatif n° 6.

[TABLEAU N° 4.]

C.

3e RÉGION.

ARMÉE DU RHIN.

DÉPARTEMENS.	Nombre de cohortes.	Quantité de canons dans les départemens.	NOMBRE D'HOMMES A ASSIGNER AUX DIFFÉRENTES ARMES DE				TRAIN		Produit des deux tiers des hommes de 20 à 35 ans par département.	QUANTITÉ DE CHEVAUX à affecter AUX DIFFÉRENTES ARMES DE				FUSILS.		Chevaux dans chaque département.
			Infanterie.	Cavalerie.	Artillerie.	Sapeurs.	du génie.	des équipages militaires.		Cavalerie.	Artillerie.	Du génie.	Des équipages militaires.	Manquant au complet.	Excédant le complet	
	2.	3.	4.	5.	6.	7.	8.	9.	10.	11.	12.	13.	14.	15.	16.	17.
Bas-Rhin.	5	12	18,355	2,616	930	1,343	26	38	19,134	2,616	415	55	67	«	3,874	55,000
Haut-Rhin.	5	10	18,355	872	932	1,343	26	38	18,646	872	415	55	67	«	8,027	26,000
Vosges	4	11	14,684	1,744	464	336	26	37	16,308	1,744	415	55	67	6,153	«	45,000
Doubs	2	13	7,342	872	930	336	26	37	12,886	872	415	55	67	«	127	30,000
Haute-Saône.	2	8	7,342	872	232	336	25	37	14,522	872	415	55	67	1,740	«	22,000
Haute-Marne.	3	8	11,013	1,744	234	336	25	37	13,057	1,744	415	55	67	1,035	«	48,000
Côte-d'Or	4	22	14,684	1,744	698	336	25	37	15,052	1,744	414	55	67	1,773	«	50,000
Saône-et-Loire. . . .	3	12	11,013	872	700	336	25	37	20,187	872	414	55	67	11,562	«	20,000
Yonne	3	2	11,013	872	234	336	25	37	13,837	872	414	54	67	5,823	«	25,000
Jura	3	6	11,013	872	234	336	25	37	13,728	872	414	54	67	3,888	«	21,000
	34	104														
TOTAUX des hommes . .	.....	.....	124,814	13,080	5,588	5,374	254	372	157,357	....	......	...	......	31,974	12,028	....
TOTAUX des chevaux . .	. . .	. . .	....	... ...	......	......	...	.....	....	13,080	4,146	548	670	....	....	342,000

Le manque au complet est de. 31,974

L'excédant étant de 12,028

Il manquera au complet. 19,946

3e RÉGION. *Observations.*

Cette région se compose de dix départemens qui ont déjà à leur disposition 104 pièces de canon.

Cette région, ou armée du Rhin, aurait :

34 cohortes d'infanterie.
15 régimens de cavalerie.
2 régimens d'artillerie.
2 régimens de sapeurs.
2 compagnies du train du génie et
2 compagnies du train des équipages militaires.

Le produit des 2/3 en hommes de 20 à 35 ans étant de....................................	157,357
Les hommes nécessaires pour cette armée n'étant que de....................................	149,482
Il y aurait donc un excédant de.............	7,875

Le nombre de fusils manquant au complet, déduction faite de l'excédant, indiqués aux colonnes 15 et 16, ressort de la comparaison du nombre d'hommes à prendre dans chaque département avec les armes délivrées des arsenaux de l'État.

Les chevaux indiqués colonne 17 composent la race chevaline dans chaque département de cette région, qui en produit............................ 342,000

La proportion de 6 0/0 sur ce nombre donnerait.....................	20,520	chevaux.
Les besoins de l'armée du Rhin pour les différentes armes de la garde nationale mobile ne comporteraient que....	18,444	
Partant, il resterait disponible pour les besoins de l'armée de ligne (cavalerie, etc.).........................	2,076	

Voir le tableau récapitulatif n° 6.

[TABLEAU Nº 4.]

D.

4e RÉGION.

ARMÉE DES HAUTES-ALPES.

DÉPARTEMENS.	Nombre de cohortes.	Quantité de canons dans les départemens.	NOMBRE D'HOMMES A ASSIGNER AUX DIFFÉRENTES ARMES DE : Infanterie.	Cavalerie.	Artillerie.	Sapeurs.	TRAIN du génie.	TRAIN des équipages militaires.	Produit des deux tiers des hommes de 20 à 35 ans par département.	QUANTITÉ DE CHEVAUX à affecter AUX DIFFÉRENTES ARMES DE : Cavalerie.	Artillerie.	Du génie.	Des équipages militai es.	FUSILS. Manquant au complet.	FUSILS. Excédant le complet.	Chevaux dans chaque département.
1.	2.	3.	4.	5.	6.	7.	8.	9.	10.	11.	12.	13.	14.	15.	16.	17.
Hautes-Alpes	1	8	3,671	«	349	336	26	37	5,460	«	120	55	67	1,550	«	3,000
Ain.	3	8	11,013	«	349	336	26	37	13,824	«	400	55	67	3,262	«	10,000
Isère.	5	16	18,355	«	698	672	25	37	22,010	«	753	55	67	«	1,693	18,000
Rhône	4	18	14,684	«	699	672	25	37	17,042	«	250	55	67	8,417	«	6,000
Drôme.	2	4	7,342	«	699	671	25	38	11,982	«	550	54	67	3,034	«	13,000
TOTAUX des hommes . .	15	54	55,065	«	2,794	2,687	127	186	70,318	....	......	....	......	16,263	1,693	....
TOTAUX des chevaux . .	. . .	. . .	....	....	......	......	....	.....	....	«	2,073	274	335	....	....	50,000

	Manquant au complet.	Excédant le complet.
Le manque au complet est de	16,263	«
L'excédant étant de.	1,693	«
Il manque au complet	14,570	

4e RÉGION. *Observations.*

Cette région se compose de cinq départemens qui ont déjà à leur disposition 54 pièces de canon.

Cette région, ou armée des Hautes-Alpes, aurait :

15 cohortes d'infanterie.
Point de régimens de cavalerie.
1 régiment d'artillerie.
1 régiment de sapeurs.
1 compagnie du train du génie et
1 compagnie du train des équipages militaires.

Le produit des 2/3 en hommes de 20 à 35 ans étant de	70,318
Les hommes nécessaires pour cette armée n'étant que de	60,859
Il y aurait donc un excédant de	9,459

Le nombre de fusils manquant au complet, déduction faite de l'excédant, indiqués aux colonnes 15 et 16, ressort de la comparaison du nombre d'hommes à prendre dans chaque département avec les armes délivrées des arsenaux de l'État.

Les chevaux indiqués colonne 17 composent la race chevaline dans chaque département de cette région, qui en produit.......... 50,000

La proportion de 6 0/0 sur ce nombre donnerait	3,000	chevaux.
Les besoins de l'armée des Hautes-Alpes pour les différentes armes ne comporteraient que	2,682	
Partant, il resterait disponible pour les besoins de l'armée de ligne (cavalerie, etc.)	318	

Voir le tableau récapitulatif n° 6.

[TABLEAU N° 4.]

E.

5e RÉGION.

ARMÉE DES BASSES-ALPES.

DÉPARTEMENS.	Nombre de cohortes.	Quantité de canons dans les départemens.	NOMBRE D'HOMMES A ASSIGNER AUX DIFFÉRENTES ARMES DE				TRAIN		Produit des deux tiers des hommes de 20 à 35 ans par département.	QUANTITÉ DE CHEVAUX à affecter AUX DIFFÉRENTES ARMES DE				FUSILS		Chevaux dans chaque département.
			Infanterie.	Cavalerie.	Artillerie.	Sapeurs.	du génie.	des équipages militaires.		Cavalerie.	Artillerie.	Du génie.	Des équipages militaires.	Manquant au complet.	Excédant le complet.	
1.	2.	3.	4.	5.	6.	7.	8.	9.	10.	11.	12.	13.	14.	15.	16.	17.
Var.	3	8	11,013	«	696	336	16	23	12,680	«	259	34	42	4,480	«	6,000
Basses-Alpes.	1	2	3,671	«	174	336	16	23	6,848	«	259	34	42	3,063	«	3,000
Ardèche	3	2	11,013	145	175	336	16	23	13,332	145	259	34	42	7,442	«	9,000
Vaucluse.	2	«	7,342	290	174	336	16	23	9,428	290	259	34	42	3,751	«	16,000
Lozère	1	2	3,671	«	174	336	16	23	5,982	«	260	34	42	3,882	«	5,000
Bouches-du-Rhône. .	3	12	14,013	145	358	336	16	23	14,366	145	259	34	42	4,311	«	10,000
Gard.	4	4	14,684	292	696	336	16	24	16,658	292	259	35	42	4,048	«	22,000
Hérault	4	6	14,684	«	347	335	15	24	15,554	«	259	35	41	8,140	«	10,000
TOTAUX des hommes . .	21	36	77,091	872	2,794	2,687	127	186	94,848	......	......	...	...	......	......	......
TOTAUX des chevaux . .	.....	.....	....	....	......	......	...	.....	....	872	2,073	274	335	....	....	81,000
Fusils manquant au complet.														39,117		

5e RÉGION. *Observations.*

Cette région se compose de huit départemens qui ont déjà à leur disposition 36 pièces de canon.

Cette région, ou armée des Basses-Alpes, aurait :

21 cohortes d'infanterie.
1 régiment de cavalerie.
1 régiment d'artillerie.
1 régiment de sapeurs.
1 compagnie du train du génie et
1 compagnie du train des équipages militaires.

Le produit des 2/3 en hommes de 20 à 35 ans étant de	94,848
Les hommes nécessaires pour cette armée n'étant que de	83,757
Il y aurait donc un excédant de	11,091

Le nombre de fusils manquant au complet, indiqués aux colonnes 15 et 16, ressort de la comparaison du nombre d'hommes à prendre dans chaque département avec les armes délivrées des arsenaux de l'État.

Les chevaux indiqués colonne 17 composent la race chevaline dans chaque département de cette région, qui en produit 81,000

La proportion de 6 0/0 sur ce nombre donnerait	4,860	chevaux.
Les besoins de l'armée des Basses-Alpes ne comporteraient que	3,554	
Partant, il resterait disponible pour les besoins de l'armée de ligne (cavalerie, etc.)	1,306	

Voir le tableau récapitulatif n° 6.

[TABLEAU N° 4.]
F.

6e RÉGION.

ARMÉE DES PYRÉNÉES-ORIENTALES.

DÉPARTEMENS.	Nombre de cohortes.	Quantité de canons dans les départemens.	NOMBRE D'HOMMES A ASSIGNER AUX DIFFÉRENTES ARMES DE						Produit des deux tiers des hommes de 20 à 35 ans par département.	QUANTITÉ DE CHEVAUX à affecter AUX DIFFÉRENTES ARMES DE				FUSILS.		Chevaux dans chaque département.
			Infanterie.	Cavalerie.	Artillerie.	Sapeurs.	TRAIN du génie.	TRAIN des équipages militaires.		Cavalerie.	Artillerie.	Du génie.	Des équipages militaires.	Manquant au complet.	Excédant le complet.	
1.	2.	3.	4.	5.	6.	7.	8.	9.	10.	11.	12.	13.	14.	15.	16.	17.
Hautes-Pyrénées. . .	2	6	7,342	«	175	336	16	23	9,984	«	259	34	42	3,834	«	9,000
Pyrénées-Orientales.	1	4	3,671	872	175	336	16	23	6,333	872	259	34	42	21	«	60,000
Aude.	2	2	7,342	«	349	336	16	23	11,832	«	260	34	42	8,753	«	10,000
Tarn-et-Garonne . .	3	2	11,013	«	349	336	16	23	12,510	«	259	34	42	6,922	«	8,000
Haute-Garonne . . .	4	«	14,684	«	698	336	16	23	18,641	«	259	34	42	6,241	«	13,000
Tarn	3	4	11,013	«	349	336	16	23	13,578	«	259	34	42	7,759	«	5,000
Aveyron	4	4	14,684	«	349	336	16	24	15,997	«	259	35	42	12,441	«	9,000
Ariége	2	2	7,342	«	350	335	15	24	11,666	«	259	35	41	6,833	«	3,000
	21	24														
TOTAUX des hommes . .	.....	.....	77,091	872	2,794	2,687	127	186	100,541	......	......	...	......	......	......	......
TOTAUX des chevaux . .	.....	.....	....	......	......	......	...	.....	....	872	2,073	274	335	......	......	117,000
Fusils manquant au complet.														52,804	«	

6e RÉGION. *Observations.*

Cette région se compose de 8 départemens qui ont déjà à leur disposition 24 pièces de canon.

Cette région, ou armée des Pyrénées-Orientales, aurait :

21 cohortes d'infanterie.
1 régiment de cavalerie.
1 régiment d'artillerie.
1 régiment de sapeurs.
1 compagnie du train du génie et
1 compagnie du train des équipages militaires.

Le produit des 2/3 en hommes de 20 à 35 ans étant de	100,541
Les hommes nécessaires pour cette armée n'étant que de	83,757
Il y aurait donc un excédant de..............	16,784

Le nombre de fusils manquant au complet, indiqués aux colonnes 15 et 16, ressort de la comparaison du nombre d'hommes à prendre dans chaque département avec les armes délivrées des arsenaux de l'État.

Les chevaux indiqués colonne 17 composent la race chevaline dans chaque département de cette région, qui en produit.......................... 117,000

La proportion de 6 0/0 sur ce nombre donnerait	7,020 chevaux.
Les besoins de l'armée des Pyrénées-Orientales ne comporteraient que.....	3,554
Partant, il resterait disponible pour les besoins de l'armée de ligne (cavalerie, etc.)........................	3,466

Voir le tableau récapitulatif n° 6.

[TABLEAU N° 4.]

G.

7e RÉGION.

ARMÉE DES PYRÉNÉES-OCCIDENTALES.

DÉPARTEMENS.	Nombre de cohortes.	Quantité de canons dans les départemens.	NOMBRE D'HOMMES A ASSIGNER AUX DIFFÉRENTES ARMES DE				TRAIN		Produit des deux tiers des hommes de 20 à 35 ans par département.	QUANTITÉ DE CHEVAUX à affecter AUX DIFFÉRENTES ARMES DE				FUSILS.		Chevaux dans chaque département.
			Infanterie.	Cavalerie.	Artillerie.	Sapeurs.	du génie.	des équipages militaires.		Cavalerie.	Artillerie.	Du génie.	Des équipages militaires.	Manquant au complet.	Excédant le complet.	
1.	2.	3.	4.	5.	6.	7.	8.	9.	10.	11.	12.	13.	14.	15.	16.	17.
Basses-Pyrénées . . .	4	6	14,684	«	799	384	19	27	16,428	«	296	39	48	2,950	«	4,000
Landes.	2	«	7,342	145	«	«	18	27	11,260	145	296	39	47	4,730	«	12,000
Lot-et-Garonne . . .	3	8	11,013	«	399	384	18	27	12,466	«	297	39	48	5,712	«	7,500
Gers	3	2	11,013	291	399	384	18	27	12,020	291	296	39	48	4,320	«	18,000
Dordogne	5	2	18,355	145	399	384	18	26	19,175	145	296	39	48	13,667	«	10,000
Lot.	2	2	7,342	«	399	384	18	26	11,262	«	296	39	48	6,292	«	4,000
Gironde	5	16	18,355	291	399	767	18	26	22,160	291	296	40	48	5,166	«	10,000
	24	36														
TOTAUX des { hommes . .	. . .	. . .	88,104	872	2,794	2,687	127	186	104,771	......	......	...	......	....	....	....
{ chevaux . .	. . .	. . .	....	......	......	......	....	....	....	872	2,073	274	335	....	....	65,500

Fusils manquant au complet. 42,837

7e RÉGION. *Observations.*

Cette région se compose de sept départemens qui ont déjà à leur disposition 36 pièces de canon.

Cette région, ou armée des Pyrénées-Occidentales, aurait

24 cohortes d'infanterie.
1 régiment de cavalerie.
1 régiment d'artillerie.
1 régiment de sapeurs.
1 compagnie du train du génie et
1 compagnie du train des équipages.

Le produit des 2/3 en hommes de 20 à 35 ans étant de....................................	104,771
Les hommes nécessaires pour cette armée n'étant que de....................................	94,770
Il y aurait donc un excédant de............	10,001

Le nombre de fusils manquant au complet, indiqués aux colonnes 15 et 16, ressort de la comparaison du nombre d'hommes à prendre dans chaque département avec les armes délivrées des arsenaux de l'État.

Les chevaux indiqués colonne 17 composent la race chevaline dans chaque département de cette région, qui en produit........................... 65,500

La proportion de 6 0/0 sur ce nombre donnerait	3,930	chevaux.
Les besoins de l'armée des Pyrénées-Occidentales ne comporteraient que...	3,554	
Partant, il resterait disponible pour les besoins de l'armée de ligne (cavalerie, etc.)........................	376	

Voir le tableau récapitulatif n° 6.

[TABLEAU N° 4.]
H.

8e. REGION.

ARMÉE DE L'OUEST.

DÉPARTEMENS.	Nombre de cohortes.	Quantité de canons dans les départemens.	NOMBRE D'HOMMES A ASSIGNER AUX DIFFÉRENTES ARMES DE						Produit des deux tiers des hommes de 20 à 35 ans par département.	QUANTITÉ DE CHEVAUX à affecter AUX DIFFÉRENTES ARMES DE				FUSILS.		Chevaux dans chaque département.
			Infanterie.	Cavalerie.	Artillerie.	Sapeurs.	TRAIN du génie.	TRAIN des équipages militaires.		Cavalerie.	Artillerie.	Du génie.	Des équipages militaires.	Manquant au complet.	Excédant le complet.	
1.	2.	3.	4.	5.	6.	7.	8.	9.	10.	11.	12.	13.	14.	15.	16.	17.
Loire-Inférieure. . .	3	6	11,013	872	1,231	298	15	21	14,800	872	460	31	38	2,491	«	50,000
Maine-et-Loire. . . .	4	6	14,684	145	1,231	298	14	21	18,720	145	460	31	38	5,130	«	8,000
Sarthe	4	9	14,684	145	611	298	14	21	17,425	145	460	31	37	7,989	«	18,000
Vendée.	1	2	3,671	145	311	298	14	21	6,600	145	461	31	37	«	1,790	22,000
Charente-Inférieure.	3	20	11,013	145	631	299	14	21	14,285	145	464	30	37	2,504	«	14,000
Indre-et-Loire. . . .	2	6	7,342	872	311	299	14	21	9,988	872	464	30	37	364	«	30,000
Vienne.	2	6	7,342	147	611	299	14	20	11,095	47	464	30	37	6,129	«	20,000
Loir-et-Cher.	2	6	7,342	872	311	299	14	20	8,044	872	464	30	37	1,544	«	30,000
Deux-Sèvres.	2	4	7,342	145	310	299	14	20	11,933	145	461	30	37	5,233	«	32,000
TOTAUX des { hommes . .	23	65	84,433	3,488	5,588	2,687	127	186	112,890	......	......	...	.....	....	1,790	....
TOTAUX des { chevaux . .	.....	.....	....	....	....	....	......	......	....	3,488	4,146	274	335	....	....	224,000
Le manque au complet étant de														31,384		
Et l'excédant étant de														1,790		
Le nombre de fusils manquant est de. . .														29,594		

8e RÉGION. *Observations.*

Cette région se compose de neuf départemens qui ont déjà à leur disposition 65 pièces de canon.

Cette région, ou armée de l'Ouest, aurait :

23 cohortes d'infanterie.
4 régimens de cavalerie.
2 régimens d'artillerie.
1 régiment de sapeurs.
1 compagnie du train du génie et
1 compagnie du train des équipages.

Le produit des 2/3 en hommes de 20 à 35 ans étant de	112,890
Les hommes nécessaires pour cette armée n'étant que de	96,509
Il y aurait donc un excédant de	16,381

Le nombre de fusils manquant au complet, déduction faite de l'excédant, indiqués aux colonnes 15 et 16, ressort de la comparaison du nombre d'hommes à prendre dans chaque département avec les armes délivrées des arsenaux de l'État.

Les chevaux indiqués colonne 17 composent la race chevaline dans chaque département de cette région, qui en produit. . . . 224,000

La proportion de 6 0/0 sur ce nombre donnerait	13,440	chevaux.
Les besoins de l'armée de l'Ouest ne comporteraient que	8,243	
Partant, il resterait disponible pour les besoins de l'armée de ligne (cavalerie, etc.)	5,197	

Voir le tableau récapitulatif n° 6.

[TABLEAU N° 4.]

I.

9e RÉGION.

ARMÉE DES CÔTES DE LA MANCHE.

DÉPARTEMENS.	Nombre de cohortes.	Quantité de canons dans les départemens.	NOMBRE D'HOMMES À ASSIGNER AUX DIFFÉRENTES ARMES DE : Infanterie.	Cavalerie.	Artillerie.	Sapeurs.	TRAIN du génie.	TRAIN des équipages militaires.	Produit des deux tiers des hommes de 20 à 35 ans par département.	QUANTITÉ DE CHEVAUX à affecter AUX DIFFÉRENTES ARMES DE : Cavalerie.	Artillerie.	Du génie.	Des équipages militaires.	FUSILS. Manquant au complet.	FUSILS. Excédant le complet.	Chevaux dans chaque département.
1.	2.	3.	4.	5.	6.	7.	8.	9.	10.	11.	12.	13.	14.	15.	16.	17.
Côtes-du-Nord. . . .	5	12	18,355	872	1,397	672	26	38	25,484	872	830	55	67	19,718	α	75,000
Finistère.	4	9	14,684	872	1,397	672	26	37	20,960	872	829	55	67	14,511	α	70,000
Morbihan	1	6	3,671	436	699	672	25	37	14,713	436	829	55	67	9,308	α	40,000
Mayenne.	1	α	3,671	436	698	336	25	37	[1] α	436	829	55	67	α	3,680	40,000
Ille-et-Vilaine . . .	1	α	3,671	872	1,397	335	25	37	3,199	872	829	54	67	α	6,229	62,000
	12	27														
TOTAUX des hommes . .	.....	.....	44,052	3,488	5,588	2,687	127	186	64,356	....	....	...	....	43,537	9,909	
TOTAUX des chevaux . .	.....	.....	....	....	......	......	....	....	....	3,488	4,146	274	335	....	....	287,000
Le manque au complet étant de . .														43,537		
L'excédant du complet de														9,909		
Fusils manquant au complet . . .														33,627		

[1] La statistique n'a pas cru devoir indiquer le nombre d'hommes à mobiliser.

9ᵉ RÉGION. *Observations.*

Cette région se compose de cinq départemens qui ont déjà à leur disposition 27 pièces de canon.

Cette région, ou armée de la Manche, aurait :

12 cohortes d'infanterie.
4 régimens de cavalerie.
2 régimens d'artillerie.
1 régiment de sapeurs.
1 compagnie du train du génie et
1 compagnie du train des équipages militaires.

Le produit des 2/3 en hommes de 20 à 35 ans étant de	64,356
Les hommes nécessaires pour cette armée n'étant que de	56,128
Il y aurait donc un excédant de	8,228

Le nombre de fusils manquant au complet, déduction faite de l'excédant, indiqués aux colonnes 15 et 16, ressort de la comparaison du nombre d'hommes à prendre dans chaque département avec les armes délivrées des arsenaux de l'État.

Les chevaux indiqués colonne 17 composent la race chevaline dans chaque département de cette région, qui en produit........ 287,000

La proportion de 6 0/0 sur ce nombre donnerait	17,220	chevaux.
Les besoins de l'armée de la Manche ne comporteraient que	8,243	
Partant, il resterait disponible pour les besoins de l'armée de ligne (cavalerie, etc.)	8,977	

Voir le tableau récapitulatif n° 6.

[TABLEAU N° 4.]
J.

10e RÉGION.

RÉSERVE DE LYON.

DÉPARTEMENS.	Nombre de cohortes.	Quantité de canons dans les départemens.	NOMBRE D'HOMMES A ASSIGNER AUX DIFFÉRENTES ARMES DE						Produit des deux tiers des hommes de 20 à 35 ans par département.	QUANTITÉ DE CHEVAUX à affecter AUX DIFFÉRENTES ARMES DE				FUSILS		Chevaux dans chaque département.
			Infanterie.	Cavalerie.	Artillerie.	Sapeurs.	TRAIN du génie.	TRAIN des équipages militaires.		Cavalerie.	Artillerie.	Du génie.	Des équipages militaires.	Manquant au complet.	Excédant le complet.	
1.	2.	3.	4.	5.	6.	7.	8.	9.	10.	11.	12.	13.	14.	15.	16.	17.
Lozère	1	2	3,671	«	349	336	26	38	5,982	«	414	54	[1] «	3,882	«	5,000
Cantal	3	2	11,013	«	699	672	26	37	12,058	«	414	55	«	7,358	«	16,000
Puy-de-Dôme	5	4	18,355	«	699	672	25	37	22,980	«	415	55	«	16,780	«	13,000
Loire.	4	9	14,684	«	698	672	25	37	16,054	«	415	55	«	5,693	«	4,000
Haute-Loire	2	2	7,342	«	349	335	25	37	11,014	«	415	55	«	7,566	«	8,000
TOTAUX des hommes . .	15	19	55,065	»	2,794	2,687	127	186	68,088	. . .	. . .	. . .	. . .	. . .	. . .	. . .
TOTAUX des chevaux . .	. . .	. . .	. . .	. . .	. . .	. . .	. . .	. . .	. . .	«	2,073	274	«	. . .	. . .	46,000
Fusils manquant au complet														41,279	«	

[1] Les chevaux étant peu considérables dans ces cinq départemens, il faudra employer des mulets, en grand nombre dans ces localités, soit.... 335 pour le train des équipages militaires.

10e RÉGION. *Observations.*

Cette région se compose de cinq départemens qui ont déjà à leur disposition 19 pièces de canon.

Cette région, ou réserve de Lyon, aurait :

15 cohortes d'infanterie.
Point de régiment de cavalerie.
1 régiment d'artillerie.
1 régiment de sapeurs.
1 compagnie du train du génie et
1 compagnie du train des équipages militaires.

Le produit des 2/3 en hommes de 20 à 35 ans étant de	68,088
Les hommes nécessaires pour cette armée n'étant que de	60,859
Il y aurait donc un excédant de	7,229

Le nombre de fusils manquant au complet, indiqués aux colonnes 15 et 16, ressort de la comparaison du nombre d'hommes à prendre dans chaque département avec les armes délivrées des arsenaux de l'État.

Les chevaux indiqués colonne 17 composent la race chevaline dans chaque département de cette région, qui en produit	46,000	
La proportion de 6 0/0 sur ce nombre donnerait	2,760	chevaux.
Les besoins de la réserve de Lyon ne comporteraient que	2,347	
Partant, il resterait disponible pour les besoins de l'armée de ligne (cavalerie, etc.)	413	

Voir le tableau récapitulatif n° 6.

[TABLEAU N° 4.]

K.

11e RÉGION.

RÉSERVE DE DIJON.

DÉPARTEMENS.	Nombre de cohortes.	Quantité de canons dans les départemens.	NOMBRE D'HOMMES À ASSIGNER AUX DIFFÉRENTES ARMES DE : Infanterie.	Cavalerie.	Artillerie.	Sapeurs.	TRAIN : du génie.	des équipages militaires.	Produit des deux tiers des hommes de 20 à 35 ans par département.	QUANTITÉ DE CHEVAUX à affecter AUX DIFFÉRENTES ARMES DE : Cavalerie.	Artillerie.	Du génie.	Des équipages militaires.	FUSILS. Manquant au complet.	Excédant le complet.	Chevaux dans chaque département.
1.	2.	3.	4.	5.	6.	7.	8.	9.	10.	11.	12.	13.	14.	15.	16.	17.
Charente.	3	2	11,013	348	349	670	16	24	14,285	348	259	35	42	10,837	«	16,000
Creuse.	3	»	11,013	«	349	288	16	24	12,160	«	259	35	42	10,004	«	5,000
Cher.	4	2	14,684	349	349	288	16	23	15,261	349	259	34	42	10,272	«	16,000
Allier.	3	2	11,013	349	349	288	16	23	12,528	349	259	34	42	6,720	«	14,000
Haute-Vienne. . . .	2	2	7,342	872	349	288	16	23	11,640	872	259	34	42	6,674	«	12,000
Indre.	2	2	7.342	872	349	288	16	23	10,440	872	259	34	42	6,991	«	22,000
Nièvre.	3	2	11,013	349	350	288	16	23	12,013	349	259	34	42	6,193	«	17,000
Loiret.	2	5	7,342	349	350	289	15	23	10,993	349	260	34	41	2,561	«	27,000
TOTAUX des hommes . .	22	17.	80,762	3,488	2,794	2,687	127	186	99,320	....	....	...	....	....	....	....
TOTAUX des chevaux . .	.....	.....	....	....	.....	.....	....	.....	....	3,488	2,073	274	335	....	....	129,000
Fusils manquant au complet.														60,252	«	«

11ᵉ RÉGION. *Observations.*

Cette région se compose de huit départemens qui ont à leur disposition 17 pièces de canon.

Cette région, ou réserve de Dijon, aurait :

22 cohortes d'infanterie.
4 régimens de cavalerie.
1 régiment d'artillerie.
1 régiment de sapeurs.
1 compagnie du train du génie et
1 compagnie du train des équipages militaires.

Le produit des 2/3 en hommes de 20 à 35 ans étant de.. 99,320

Les hommes nécessaires pour cette armée n'étant que de.. 90,044

Il y aurait donc un excédant de............ 9,276

Le nombre de fusils manquant au complet, indiqués colonne 15 et 16, ressort de la comparaison du nombre d'hommes à prendre dans chaque département avec les armes délivrées des arsenaux de l'État.

Les chevaux indiqués colonne 17 composent la race chevaline dans chaque département de cette région, qui en produit.............................. 129,000

Le produit de 6 0/0 sur ce nombre donnerait.............................. 7,740 chevaux.

Les besoins de la réserve de Dijon ne comporteraient que................. 6,170

Partant, il resterait disponible pour les besoins de l'armée de ligne (cavalerie, etc.)........................... 1,570

Voir le tableau récapitulatif n° 6.

[TABLEAU N° 5.]

INFANTERIE.

COMPOSITION D'UNE COHORTE A TROIS BATAILLONS.

		HOMMES		TOTAL.
		D'ACTIVITÉ.	DE DÉPÔT.	
Officiers.	Colonel	1	«	1
	Chefs de bataillon	3	«	3
	Major	«	1	1
	Trésorier	«	1	1
	Officier d'habillement	«	1	1
	Adjoint au trésorier	1	«	1
	Adjoint à l'officier d'habillement	1	«	1
	Officier d'armement	1	«	1
	Porte-drapeau	1	«	1
	Chirurgien-major	1	«	1
	Aides-majors	2	1	3
	Capitaines	24	«	24
	Lieutenans	24	«	34
	Sous-lieutenans	24	«	24
	EFFECTIF	83	4	87
Sous-officiers et soldats.	Adjudans sous-officiers	3	1	4
	Tambour-major	1	«	1
	Caporaux-tambours	3	1	4
	Chefs ouvriers	«	3	3
	Sergens-majors	24	1	25
	Sergens	96	2	98
	Fourriers	24	1	25
	Caporaux	192	8	200
	Tambours	48	2	50
	Chasseurs	3,216	45	3,261
		3,607	64	3,671

OBSERVATIONS.

On a élevé l'effectif d'une cohorte à un chiffre de 3,671 sous-officiers et soldats, attendu qu'il faut apercevoir qu'en cas de formation définitive, il y aurait des non-valeurs à attendre et qu'alors l'effectif se réduirait naturellement.

Il serait essentiel d'organiser dans chaque cohorte une musique militaire. On sait depuis longtemps que les jeunes soldats appelés trouvent des consolations de leurs souvenirs de famille sous les drapeaux en se livrant à la joie commune de leurs camarades que fait naître le bruit de la musique.

Les officiers indiqués pour le dépôt de chaque cohorte nous paraissent en nombre suffisant.

Les sous-officiers et soldats désignés également pour faire partie du dépôt sont aussi déterminés au plus strict nécessaire.

Le dépôt ne serait d'ailleurs formé qu'en cas de guerre.

Il siégerait au chef-lieu de chaque département et d'arrondissement.

En cas de guerré, il serait urgent d'ajouter à cette formation du dépôt d'une cohorte trois cadres de compagnie qui seraient chargés de l'instruction des nouveaux arrivés et de la comptabilité des hommes venant des compagnies d'activité, de manière qu'une compagnie aurait les hommes d'un même bataillon, ce qui faciliterait tous les rapports administratifs.

Indépendamment du conseil d'administration qui existerait dans une cohorte, nous proposons, en cas de séparation du dépôt de la partie principale de la cohorte, l'établissement d'un conseil d'administration dans chaque chef-lieu de département et d'arrondissement.

Celui du département serait composé :

D'un conseiller de préfecture, président ;

De trois conseillers municipaux ayant des connaissances spéciales ;

Du major de la cohorte;

De l'officier d'habillement

Et du trésorier,

Sous la surveillance administrative du sous-intendant militaire.

Pour les chefs-lieux d'arrondissemens, ils seraient composés :

D'un adjoint au maire, président;

De deux conseillers municipaux;

De l'officier d'habillement

Et du trésorier,

Sous la surveillance administrative du sous-préfet, faisant fonction de sous-intendant militaire.

Ces conseils d'administration se conformeraient aux instructions de M. le ministre de la guerre.

HABILLEMENT.

Un habillement économique, convenable convient pour vêtir les gardes nationaux d'infanterie uniformément.

Nous proposons celui ci-après :

HABILLEMENT.	Capote en drap avec revers. Gilet à manches. Pantalon en drap bleu.
COIFFURE....	Bonnet de police. Schako.

PRIX APPROXIMATIFS DES EFFETS CONFECTIONNES.

	fr.	c.
Capote à revers...........	26	»
Gilet à manches...........	6	30
Pantalon de drap...........	11	»
Bonnet de police...........	3	20
Coiffure...................	8	50
Total................	55	»
Havre-sac..............	8	50
TOTAL par homme.	63	50

GRAND ÉQUIPEMENT.

Cartouchière avec son ceinturon..	5	»
Bretelle de fusil...............	1	»
TOTAL pour un homme.	6	»
Montant de l'habillement et du grand équipement.....................	69	50

Nous proposons les modèles présentés, tant pour l'habillement que pour le grand équipement, y compris le havre-sac, par M. Dufaure (de Montmirail), ex-officier au 12e régiment de dragons. Ces modèles ont été soumis à l'examen du ministre de la guerre, non pour en introduire immédiatement l'usage dans l'armée, à cause de la dépense que cela occasionnerait, mais parce qu'à une époque déterminée on entrerait dans une voie d'économie et on obtiendrait une régularité si désirable dans la tenue.

Ce qui ne peut être contesté, c'est que si les gardes nationaux sont mobilisés d'après une loi, ce serait une faute grave de ne pas employer les moyens ci-dessus pour les habiller et les équiper, d'autant qu'avec les buffleteries en usage maintenant on obtiendrait deux ceinturons de giberne avec un porte-giberne ou un baudrier.

Quant aux anciennes gibernes, on en tirerait parti en les vendant au commerce, qui en donnerait un bon prix. D'ailleurs leur pesanteur et leur forme vicieuse les rendent incommodes. L'auteur des nouveaux modèles se chargerait d'utiliser tous les anciens effets de grand équipement et de les reprendre pour un certain prix à valoir sur sa fourniture.

Nous engageons les personnes amies du bien à consulter les observations écrites par M. Dufaure (de Montmirail), pour se pénétrer de l'utilité et de l'ingénieuse conception dont tous ses modèles sont revêtus. Pour faciliter ce moyen, nous avons placé à la suite de notre exposé le travail de cet officier : un dessin lithographié présente plusieurs militaires portant le costume qu'il propose. Ce travail mérite de fixer l'attention du gouvernement.

[TABLEA • 6.]

TABLEAU RÉCAPITULAT ES ONZE RÉGIONS OU ARMÉES.

RÉGIONS.	ARMÉES.	NOMBRE DE DÉPARTEMENS PAR RÉGION OU ARMÉE.	QUANTITÉ DE PIÈCES DE CANON DANS LES DÉPARTEMENS.	NOMBRE DE — COHORTES D'INFANTERIE. Nombre.	COHORTES D'INFANTERIE. Sous-officiers et soldats.	RÉGIMENS de cavalerie. Nombre.	RÉGIMENS de cavalerie. Sous-officiers et soldats.	RÉGIMENS d'artillerie. Nombre.	RÉGIMENS d'artillerie. Sous-officiers et soldats.	RÉGIMENS de sapeurs. Nombre.	RÉGIMENS de sapeurs. Sous-officiers et soldats.	COMPAGNIES du génie. Nombre.	COMPAGNIES du génie. Sous-officiers et soldats.	COMPAGNIES DU TRAIN des équipag militair. Nombre.	COMPAGNIES DU TRAIN des équipag militair. Sous-officiers et	GARDES NATIONAUX de 20 à 35 ANS dans les régions.	GARDES NATIONAUX nécessaires par armée.	GARDES NATIONAUX excédant les besoins.	CHEVAUX NÉCESSAIRES. TOTAL par armée.	DONT de cavalerie montée.	DONT d'artillerie	DONT du TRAIN du génie.	DONT du TRAIN des équipages militaires.	RÉUNION par ARMÉE de la race chevaline en France.	PRODUIT de la proportion de 6 0/0.	BALANCE Les onze armées ne comportent que	BALANCE Restant disponibles pour l'armée de ligne.
1.	2.	3.	4.	5.	6.	7.	8.	9.	10.	11	12.	13	14.	15	16.	17.	18.	19.	20.	21.	22.	23.	24.	25.	26.	27.	28.
1	Du Nord..........	10	121	47	172,537	15	13,080	3	8,382	2	5,374	2	254	3	55	209,640	200,185	9,455	20,852	13,080	6,219	548	1,005	684,000	41,040	20,852	20,188
2	Ardennes-et-Moselle	10	124	36	132,156	15	13,080	3	8,382	2	5,374	2	254	2	31	166,274	159,638	6,636	20,517	13,080	6,219	548	670	538,000	32,280	20,517	11,763
3	Du Rhin..........	10	104	34	124,814	15	13,080	2	5,588	2	5,374	2	254	2	31	157,357	149,482	7,875	18,444	13,080	4,146	548	670	342,000	20,520	18,444	2,076
4	Hautes-Alpes......	5	54	15	55,065	«	«	1	2,794	1	2,687	1	127	1	1	70,318	60,859	9,459	2,682	«	2,073	274	335	50,000	3,000	2,682	318
5	Basses-Alpes......	8	36	21	77,091	1	872	1	2,794	1	2,687	1	127	1	18	94,848	83,757	11,091	3,554	872	2,073	274	335	81,000	4,860	3,554	1,306
6	Pyrénées-Orient...	8	24	21	77,091	1	872	1	2,794	1	2,687	1	127	1	1	100,541	83,757	16, 84	3,554	872	2,073	274	335	117,000	7,020	3,554	3,466
7	Pyrénées-Occident.	7	36	24	88,104	1	872	1	2,794	1	2,687	1	127	1	18	104,771	94,771	10,001	3,554	872	2,073	274	335	65,500	3,930	3,554	376
8	De l'Ouest.........	9	65	23	84,433	4	3,488	2	5,588	1	2,687	1	127	1	18	112,890	96,509	16,381	8,243	3,488	4,146	274	335	224,000	13,440	8,243	5,197
9	De la Manche......	5	27	12	44,052	4	3,488	2	5,588	1	2,687	1	127	1	18	64,356	56,128	8,228	8,243	3,488	4,146	274	335	287,000	17,220	8,243	8,977
10	Réserve de Lyon...	5	19	15	55,065	«	«	1	2,794	1	2,687	1	127	1	19	68,088	60,859	7,229	2,347	«	2,073	274	[3] «	46,000	2,760	2,347	413
11	Réserve de Dijon..	8	17	22	80,762	4	3,488	1	2,794	1	2,687	1	127	1	1	99,320	90,044	9,276	6,170	3,488	2,073	274	335	129,000	7,740	6,170	1,570
		[1] 85	[2] 627																								
TOTAUX des	régimens...	....	....	270	....	60	......	18	......	14	......	14	.....	15	....	....	....	....	....	....	....	....	....	....	....	....	....
TOTAUX des	hommes...	....	....	....	991,170	..	52,320	..	50,292	..	37,618	..	1,778	..	2,78	1,248,403	1,135,988	112,415	....	....	....	....	....	....	....	....	....
TOTAUX des	chevaux...	....	....	....	....	..	......	..	......	..	......	..	.....	..	....	....	....	....	98,160	52,320	37,314	3,836	4,690	[4] 2,563,500	153,810	98,160	55,650

[1] Non compris le département de la Corse, dont il sera parlé.

[2] Ces 627 pièces de canon sont déjà à la disposition de la garde nationale sédentaire.

[3] Les chevaux étant en petit nombre dans cette région, il faudrait prendre, pour le train des équipages, 335 mulets, qui sont en grande quantité dans ces localités.

[4] On a abandonné ici les trois derniers chiffres dans les nombres énoncés au tableau des départemens.

[TABLEAU N° 7.]

COMPOSITION GÉNÉRALE DE L'ARMÉE NATIONALE.

TROUPES A PIED ET A CHEVAL.	NOMBRE		TOTAL	
	d'hommes.	de chevaux.	d'hommes.	de chevaux.
270 cohortes d'infanterie.......	3,671	«	991,170	«
60 régimens de cavalerie.......	872	872	52,320	52,320
18 — d'artillerie........	2,794	2,073	50,292	37,314
14 — de sapeurs.......	2,687	«	37,618	«
14 compagnies du train du génie..................	127	«	1,778	«
compagnies du train pour les chevaux...............	«	274	«	3,836
15 compagnies du train des équipages militaires..........	186	«	2,790	«
15 compagnies pour les chevaux, mais dont une pour laquelle il faut prendre des mulets, soit 14................	«	335	«	4,690
TOTAUX................			1,135,988	98,160

RÉSUMÉ.

Le produit des 2/3 en hommes mobilisables donnant un chiffre de 1,248,403

L'effectif en hommes nécessaires aux différentes armes étant de....................... 1,135,988

Partant, il y aurait donc en trop pour les besoins de la marine et à laisser dans leurs foyers. 112,415

Pour arriver à la formation des corps, les hommes des six catégories citées dans la loi tireraient au sort.

La race chevaline en France présente une masse en chevaux de....................................	2,563,500
La proportion de 6 0/0 qui a été établie, toute minime qu'elle paraît, offre une ressource considérable qui s'élève à........................	153,810
Sur quoi il est affecté aux différentes armes de cavalerie (colonne 20 du tableau n°6)..........	98,160
Il resterait donc disponible pour les besoins des armes de cavalerie entretenues par le gouvernement..................................	55,650

Ce dernier chiffre est en rapport, à peu de chose près, avec l'effectif en chevaux dans l'armée de ligne.

Comme on le voit, nous n'avons pas eu recours au nombre considérable de mulets (il est de 250,000) qu'offre la France; ce serait au besoin une nouvelle ressource, s'il y avait nécessité de l'utiliser.

On appréciera l'importance de ces résultats, puisqu'ils démontrent évidemment qu'en cas de guerre, la France se suffirait facilement en puisant dans ses propres ressources, qui depuis trop longtemps sont restées inaperçues.

Si l'armée de ligne avait été pourvue de chevaux pris dans les départemens, on serait bientôt parvenu à stimuler d'une manière efficace les éleveurs ; et chaque année, dans un très-court espace de temps, aurait produit dans toutes les localités bien au-delà du nécessaire.

Par conséquent, il y aurait eu sur les marchés, et à présenter aux dépôts de remonte, de quoi établir une heureuse concurrence, fructueuse aux intérêts du trésor et aussi aux contribuables.

CONSIDÉRATIONS GÉNÉRALES.

Le projet que nous proposons pour l'organisation de la garde nationale mobile, sanctionné par une loi, présagerait pour la France le bonheur et la tranquillité que le législateur appréciera.

Qu'on ne croie pas qu'il soit impossible de pourvoir à la subsistance d'un aussi grand nombre d'hommes.

Tant que les hommes seront chez eux après qu'ils auront été mobilisés, ils recevront les vivres au compte du gouvernement dans les communes où ils seront placés, même dans la leur.

La délivrance des vivres serait réglée par le chef de la troupe et ordonnancée par l'administration locale, pour le remboursement être fait aux fournisseurs suivant la forme administrative en vigueur.

Ce moyen a déjà été employé pour nourrir la troupe dans les départemens de l'Ouest, et l'on trouvait, par la régularité des paiemens, une concurrence dans chaque commune pour fournir les vivres.

Nous proposons en outre que, dans le cas où les gardes nationaux viendraient à quitter leur commune pour aller, soit au chef-lieu du département, soit au chef-lieu d'arrondissement ou de canton, enfin sur un point quelconque du département pour y rester réunis, chaque commune serait tenue de faire diriger sur un point qui lui serait indiqué les vivres nécessaires au contingent que la commune aurait fourni.

L'administration civile aurait donc à faire établir des magasins sur différens points pour y recevoir et assurer la conservation des vivres de l'armée. Chaque livraison serait de suite régularisée et ordonnancée pour être payée.

Cette disposition ne serait applicable que pendant le temps

que les gardes nationaux mobilisés stationneraient dans leur département. Lorsqu'ils en sortiraient, le gouvernement aurait à ordonner des approvisionnemens sur les points vers lesquels on les dirigerait.

L'incorporation des gardes nationaux mobilisés serait confiée à des généraux et officiers supérieurs; elle serait terminée aussi promptement que possible et aussi facilement que l'a été, en 1791, l'organisation des volontaires nationaux, qui a procuré à la France dans un seul jour 400 bataillons. Les moyens que nous proposons donneraient les mêmes résultats.

Les colonels seuls auraient le droit de réunir leur régiment, le dimanche, qui serait consacré aux exercices et manœuvres, ou pour toute autre cause concernant le service, suivant l'ordre de l'autorité compétente.

La question de l'habillement et équipement ne peut être envisagée que comme un motif de dépense ; aussi, en présentant le costume assigné à l'infanterie, avons-nous restreint le chiffre de la dépense, et les hommes seraient suffisamment pourvus.

Nous avons dit que nous laissions au gouvernement le soin de déterminer l'uniforme des hommes destinés aux armes spéciales.

Bien des personnes partageront notre idée, qui est que les citoyens appelés à être mobilisés s'empresseraient de s'instruire, de se monter, s'habiller et s'équiper; et nous ne craignons pas d'avancer que dans un laps de temps peu considérable, la France pourrait compter sur la double force que présenterait l'institution d'une mobilisation constante d'une partie de la garde nationale.

La progression de l'instruction, quoique lente, par le peu de jours de la semaine que l'on pourrait y consacrer, n'arriverait pas moins au but que nous proposons.

En temps de paix, laissant aux citoyens le loisir de se livrer à leurs occupations et de soigner leurs intérêts, chaque personne informée à l'avance que, pendant la saison d'automne, on s'occuperait de manœuvres, du tir à la cible, de stations d'un mois au plus dans nos garnisons et nos places fortes, on chercherait par mesure de précaution à diriger ses affaires pour ne pas manquer ce service essentiel.

L'exercice du tir à la cible étant très-important, on s'en occuperait sérieusement en automne ; nul doute que dans les communes les maires trouveraient le moyen de décerner un prix aux meilleurs tireurs et de stimuler ainsi le zèle des citoyens.

Dans les longues soirées d'hiver, les officiers supérieurs feraient la théorie à leurs officiers des compagnies ; les instructeurs la feraient aux sous-officiers et caporaux.

Les tambours s'occuperaient également de leur instruction ; les caporaux-tambours et le tambour-major la dirigeraient.

Dans les départemens où les communes sont environnées de hameaux et de maisons isolées, dans les pays de montagnes et ceux boisés, il serait prudent que les armes des gardes nationaux mobilisés de ces localités fussent tenues en magasin dans chaque mairie, où un poste serait placé. Les sous-officiers et caporaux instructeurs stationnaires dans les communes seraient chargés de la conservation de ces armes.

Si nous proposons cette mesure, c'est qu'elle tend à éviter une foule d'accidens qu'il est essentiel de ne pas encourir.

Indépendamment des deux compagnies d'élite par bataillon d'infanterie, il conviendrait d'avoir une compagnie de tirailleurs par bataillon, qui serait composée d'hommes habitant des montagnes et des pays couverts.

Ces tirailleurs seraient organisés à l'instar de ceux formés à Vincennes.

Les gardes champêtres et les gardes forestiers en feraient partie.

Dès que l'instruction serait complète, le gouvernement pourrait ordonner des campemens par département et périodiquement, à l'instar des camps de manœuvres qui se forment tous les ans, et particulièrement pour les départemens frontières, qui, étant postes avancés, devraient être exercés plus que les autres points, parce qu'aussi on doit y être sur le qui-vive.

Les emplacemens de Saint-Omer, le camp retranché du Quesnoy, l'emplacement de Sedan et celui de Châlon-sur-Marne, Compiègne, environs de Metz, de Strasbourg, de Neuf-Brisach et d'Huningue sont les points qu'il conviendrait d'adopter, d'autant plus qu'en cas de réunion d'armée, ce serait sur tous ces points que les rassemblemens devraient avoir lieu.

Nous nous attachons particulièrement à cette partie de nos frontières parce qu'elle est la plus vulnérable depuis la cession de Philippeville, l'occupation du Luxembourg par les Prussiens, la perte de Sarrelouis, Sarrebruck et Landau. Nous sommes découverts sur toute cette ligne, et nous le serions encore plus si nous n'avions pour alliée la Belgique; toutes ces trouées facilitent l'arrivée de l'ennemi à Paris, comme cela a déjà eu lieu deux fois; mais en bouchant ces lacunes avec des armées nombreuses, Paris serait couvert.

Tous ces camps seraient formés par les gardes nationaux des départemens les plus voisins du centre de réunion et comme nous l'avons déjà indiqué.

Nous serions d'avis qu'on s'occupât d'abord, et sans désemparer, de l'organisation dans les départemens frontières du Nord, et d'une partie de l'Est, et de tous ceux qui formeraient les armées du Nord, d'Ardennes-et-Moselle et du Rhin.

Les brigades seraient composées de deux cohortes, et les divisions, de trois brigades; elles seraient commandées par des maréchaux de camp et des lieutenans généraux.

CAVALERIE.

On devrait prendre pour faire partie de la cavalerie de la garde nationale mobile les hommes ayant la taille de l'arme de la cavalerie et les citoyens les plus à l'aise : les cavaliers seraient tenus de fournir leurs chevaux et l'équipement et harnachement; ce ne serait que dans le cas où ils seraient mobilisés activement que le gouvernement leur paierait le tout s'ils l'exigeaient.

L'uniforme déjà donné à la garde nationale à cheval serait conservé, aussi bien que le harnachement du cheval.

Les réunions pour l'instruction auraient lieu les dimanches, de même que celles de l'infanterie, au centre des divisions, des subdivisions, escadrons et régimens.

Il serait bon que tous les employés du gouvernement qui doivent être montés d'après la nature de leur emploi, tels que ceux des impôts indirects, des douanes, des gardes généraux, gardes à cheval, forestiers, etc., etc., fussent assujettis à faire partie de la garde nationale à cheval mobile, et que les employés qui ne seraient pas aptes au service de la cavalerie fussent obligés néanmoins d'avoir un cheval équipé propre au service de cette arme.

Tous les chevaux de la garde nationale mobile seraient reçus, signalés et matriculés au moment de la formation, s'ils étaient reconnus bons pour le service de l'arme par des inspecteurs généraux de cavalerie, officiers supérieurs et autres : on emploierait pour ces réceptions le même mode usité dans la cavalerie régulière.

Les chevaux, une fois reconnus propres au service, resteraient chez leurs propriétaires, et ce ne serait que quand on prendrait les chevaux par suite de mobilisation que le gouvernement en ferait payer le prix.

Chaque année les inspecteurs généraux de l'arme passeraient des revues de la garde nationale mobile à cheval : ils réformeraient les chevaux qui ne seraient plus d'un bon usage, car il serait illusoire d'avoir des chevaux en quantité et peu en bonne qualité.

Ce serait encore lors de ces inspections que les généraux désigneraient les chevaux qui seraient nécessaires aux remontes de la cavalerie de ligne. Ces chevaux seraient pris de préférence parmi ceux des employés du gouvernement devant avoir un cheval pour faire leur service ; ils leur seraient payés au même prix que les chevaux de remonte chaque année.

Quant aux chevaux destinés pour les corps réguliers de cavalerie, on les désignerait pour les différentes armes d'après l'espèce que produirait chaque localité.

Il serait bien entendu, comme il est de toute justice, qu'aussitôt qu'un régiment de cavalerie serait mobilisé pour s'éloigner de ses foyers, le trésor devrait à chaque propriétaire le prix fixé d'avance du cheval et de son harnachement; il en serait de même pour les chevaux d'artillerie et du train des équipages, dont la réception se ferait d'après le même mode.

Ces derniers chevaux seraient pris de quatre à sept ans, et la durée jusqu'à douze, et bien que faisant partie des attelages, ils resteraient aussi chez leurs propriétaires pour leur usage journalier.

Il serait nécessaire que le gouvernement fît la première fourniture du harnais, du moins pour ceux qui n'auraient pas les moyens suffisans, car il faut penser qu'un propriétaire aisé ne voudrait pas qu'on lui payât le harnais d'un cheval dont il se sert, mais on devrait accorder une prime de douze francs par an par chaque cheval, pour l'entretien et le renouvellement du harnachement, qui serait fait selon le modèle de l'artillerie et du train des équipages. Ces harnais seraient donc toujours en bon état, et quand les propriétaires seraient requis de livrer leurs chevaux au gouvernement, ils leur seraient payés.

Il n'y aurait pour les artilleurs à cheval aucune différence avec les cavaliers de la garde nationale mobile : comme ceux-ci, ils devraient se procurer le cheval et le harnachement.

Le service spécial auquel l'artillerie de la garde nationale mobile est appelée ne comporterait pas l'impérieuse nécessité de l'emploi des chevaux de selle : on pourrait admettre que les artilleurs ne seraient pas montés dans les départemens autres que ceux frontières.

Les chevaux de selle et de trait seraient assujettis, au moment de la formation, aux mêmes formalités que ceux de l'armée.

D'après ce système, que nous proposons tant pour la cavalerie, l'artillerie, le train des équipages militaires et des escadrons des parcs d'artillerie de l'armée, dans un petit besoin comme dans un grand, la France se suffirait, comme il a déjà été dit.

Nous ne finirons pas cet article sans émettre une opinion partagée par des personnes de sens : elle serait d'adopter en France une mesure de rigueur pour que tous les chevaux qui ne seraient pas propres au service d'étalon subissent la castration. On serait assuré qu'avant plusieurs années la race serait améliorée et que nos chevaux indigènes finiraient par rivaliser, pour la bonne espèce, avec ceux des puissances du Nord, pour la vigueur, la taille et les moyens, et en tout temps la France aurait toujours à son service une proportion de 6 0/0 sur la race chevaline de notre territoire, donnant 153,810 chevaux, sur lesquels l'armée prendrait chaque année ce qui lui serait nécessaire pour ses remontes dans toutes les armes.

Nous avons dans l'Algérie une ressource en chevaux dont jusqu'à présent nous n'avons pas encore su tirer parti; il faut espérer pour l'avenir qu'il en sera tout autrement.

La chose sera très-facile dès qu'on voudra s'en occuper : il ne suffit que d'employer les mêmes moyens que ceux dont on s'est servi en Egypte, c'est-à-dire d'assujettir les provinces qui sont sous notre dépendance, comme celles qui sont nos alliées, à nous fournir, selon leurs ressources en ce genre, un certain nombre de chevaux. Les premiers à exiger seraient en à-compte sur les contributions, et les autres en payant comptant le prix du cheval : nous estimons qu'avec 250 à 300 francs par cheval on peut en avoir de très-bons.

Les Tunisiens en fourniraient à ce prix.

Enfin, il faudrait créer des marchés dans les principaux endroits que nous occupons et protéger cette branche de commerce.

Toutes les fois qu'on traiterait avec une tribu, une des premières conditions serait la fourniture d'un certain nombre de chevaux, d'après les moyens des localités, sans nuire à leurs besoins.

Il est déplorable qu'en diverses occasions favorables on n'ait pas eu recours à ce moyen. Si on l'avait utilisé, nous aurions des milliers de chevaux de ce pays, qui auraient rendu de bien grands services et produit une grande économie au trésor. On sait que nos chevaux français s'acclimatent difficilement sous le ciel africain.

Il est démontré que, pour que nous jouissions d'une prépondérance marquée en Algérie, il nous faut une cavalerie qui réponde en nombre à celle que peuvent nous opposer nos adversaires, et tant que nous n'aurons pas porté le nombre de notre cavalerie en Algérie à dix ou douze mille chevaux, nous n'obtiendrons que des succès partiels : il faut que dans une affaire notre cavalerie puisse charger à fond celle de l'ennemi, le mettre en déroute et lui faire des prisonniers, parce que, trop faible en nombre, elle n'a jamais pu s'aventurer, et c'est ce qui est cause qu'aucune affaire n'a été décisive et que nos ennemis ont toujours joui de l'impunité en Algérie.

On pourrait aussi faire des élèves en chevaux en Afrique ; l'éducation des chevaux devient indispensable dans ce pays, qui exige tant de cavalerie; on devrait s'attacher à en accroître la taille par le croisement de la race arabe avec la race barbe.

Un second moyen praticable encore serait d'acquérir des étalons et des jumens andalous, et de les faire croiser en Algérie; avec les deux espèces barbe et arabe on aurait une production parfaite.

Il serait encore très-utile de se procurer des chameaux-dromadaires et de créer en Algérie une cavalerie dite dromadaire, comme l'armée française en avait en Egypte ; on tirerait un bon parti de cette arme : dès qu'elle fut organisée en Egypte par ordre du général en chef Bonaparte, on commença à obtenir des Arabes une meilleure composition.

Nous citons un fait pour appuyer notre opinion.

Le général Kléber avait reconnu l'utilité d'avoir sous la main 4,000 chameaux-dromadaires à Demanour, distante de la côte de dix lieues, afin de pouvoir transporter sur les points menacés, en sept à huit heures, 8,000 hommes.

C'est par des courses fréquentes de notre cavalerie dromadaire dans le désert que les Arabes vinrent se soumettre et traiter avec nous.

Dans un besoin pressant, un cavalier dromadaire peut prendre avec lui un fantassin : de sorte qu'avec trois régimens de dromadaires de mille hommes chacun, on peut, dans un moment urgent, porter sur un point six mille fantassins, parce que le cavalier dromadaire fait lui-même le service de l'infanterie, et il est bien prouvé que toutes les fois qu'on pourra réunir en Algérie dix mille hommes sur un seul point, il n'y a aucun inconvénient à craindre.

Avec la cavalerie dromadaire on peut se porter dans le désert et dans le midi, parce que le dromadaire supporte facilement la chaleur; il peut faire vingt lieues par jour, chargé de vivres pour lui et son cavalier.

Le chameau-dromadaire est incommodé par la pluie, il la redoute, le pied lui glisse; or, on ne l'emploierait que pendant la belle saison, bien marquée sous le ciel d'Algérie.

On remarquera que la base fondamentale de notre système est de s'occuper immédiatement de la formation des instructeurs dans les communes, cantons, arrondissemens et départemens. On sent bien que chaque année les instructeurs auront à s'occuper des jeunes soldats appelés et laissés dans leurs foyers à la disposition du gouvernement, et de ceux qui auront été exemptés par le sort.

Il faudrait donc que les instructeurs fussent en permanence entretenus, puisqu'ils seront occupés à faire acquérir aux gardes nationaux à mobiliser une instruction militaire.

Suivant les circonstances, l'effectif de l'armée pourrait varier de 250,000 à 500,000 hommes.

Si le gouvernement s'arrêtait au premier chiffre, il obtiendrait une grande économie, et la solde et l'entretien des instructeurs seraient loin d'absorber la différence.

Dans le cas où la France serait forcée à faire une guerre d'invasion, le gouvernement trouverait les jeunes soldats appelés laissés en réserve instruits et aptes à grossir les rangs de l'armée pour porter son effectif à 500,000 hommes.

Les gardes nationaux mobilisables se trouveraient également instruits et susceptibles de rendre de grands services.

Si l'armée venait à se porter hors de nos frontières, la garde nationale mobilisée serait immédiatement appelée au service des places fortes et de nos garnisons.

Par ces considérations il faudrait que l'artillerie, le génie et la cavalerie de la garde nationale mobile, une fois organisés, restassent formés sur le même pied que les corps de l'armée. Or, en diminuant ceux de l'armée on obtiendrait une notable économie.

Les régimens d'infanterie de l'armée auraient alors un effectif de 2,250 hommes par régiment, fort de trois bataillons avec une compagnie hors-rang; par ce moyen l'armée active serait réduite et composée comme suit :

88 régimens d'infanterie à 2,250 hommes chacun	198,000
Artillerie et génie	33,000
Cavalerie	45,000
Total	276,000

Avec cette organisation le gouvernement serait toujours en mesure de conserver cinquante mille hommes en Algérie, et même davantage s'il était nécessaire pour consolider sa conquête, et si une circonstance nécessitait de réunir sur un autre point cinquante mille hommes encore, il aurait la faculté de le faire par l'organisation de la garde nationale mobile, dans laquelle on puiserait le même nombre d'hommes pour remplacer les troupes déplacées, chose très-praticable, puisque dans chaque localité se trouverait une force armée et qu'il n'y aurait pas beaucoup à dépenser pour les frais de route, car dans un seul jour chaque bataillon pourrait être rendu dans sa garnison.

Ce serait un grand avantage pour l'instruction de nos bataillons de gardes nationaux si on les faisait passer à tour de rôle un mois dans nos places fortes, pour se familiariser avec les détails du service sur nos frontières; nul doute qu'en quelques années tous les bataillons y passeraient les uns après les autres, sans que pour cela les travaux de la campagne et des ateliers fussent interrompus étrangement : d'ailleurs, en prévenant les citoyens d'avance, ils prendraient leurs précautions pour se mettre en mesure de répondre à l'appel; enfin, comme les bataillons se trouvent de 1,200 hommes, on aurait du large pour quelques exemptions d'urgence à accorder.

Nous ne quitterons pas ce chapitre, dans lequel il a été parlé d'Alger, sans signaler les services que peut rendre la Corse.

Ce point doit être considéré comme très-essentiel pour favoriser les opérations dans l'Algérie.

On pourrait admettre qu'en cas de guerre, on aurait en Corse un corps d'armée de vingt mille hommes de troupe de ligne qui, au besoin, pourraient porter secours à notre armée d'Afrique; ce cas échéant, une colonne de la garde nationale mobile formée des citoyens pris dans la Provence et le Languedoc irait remplacer le corps d'observation de la ligne en Corse.

Indépendamment du service de surveillance des côtes de cette île, on pourrait utiliser les hommes à ouvrir une route de communication qui joindrait Ajaccio à Bastia.

Ce bienfait, depuis si longtemps attendu par la population, atténuerait sans doute l'âpreté des mœurs des habitans, faciliterait les relations commerciales, animerait le pays et stimulerait à coup sûr l'intérêt des habitans, qui, trouvant un nouveau moyen d'écouler à moins de frais leurs denrées, se livreraient aux spéculations, origine du mieux, bientôt suivi d'un bien-être général.

Que de considérations importantes ne doit-on pas attendre de ce genre d'organisation que nous proposons!

Si le cri de guerre se fait entendre, les Français en masse courront aux armes, aucun sacrifice ne leur coûtera : les coffres du trésor public seront ouverts pour recevoir les dons patriotiques comme pour assurer tout le nécessaire à nos armées, moyens précieux qui assurent à l'avance la victoire au premier peuple de l'univers, qui, glorieux de ses anciens triomphes, veut rester libre et indépendant.

Rien ne pourra s'opposer à la manifestation du vœu de la France ; l'armée nationale rivalisera avec les armées de ligne pour soutenir à outrance le maintien du trône de Juillet ; et bientôt nos soldats, par leur valeur, poursuivront les ennemis de notre pays sur leur territoire, où ils seront forcés d'écouter nos propositions de paix honorable, car nous ne voulons pas être les agresseurs, mais rester libres et maintenir l'institution de notre gouvernement.

C'est à lui qu'il appartient de se poser d'une manière franche et loyale ; ce doit être la base de son système hautement avoué, puisque c'est celui des Français : on doit donc attendre désormais de ce concours de la royauté et du peuple citoyen des résultats immenses, qui feront jouir la France d'une paix durable, acquise ou maintenue avec dignité.

Dès lors naîtra la confiance, l'union des partis, on n'aura plus à craindre de sourdes menées qui engendrent l'émeute, l'hydre du pouvoir.

Si la chambre élective vote avec sagesse des millions pour aider le commerce, embellir la France, ouvrir des communications, etc., etc., à coup sûr elle n'hésitera pas à consentir l'allocation des fonds, quelque importans qu'ils paraissent, pour que la France prenne une attitude convenable et que le gouvernement puisse appuyer ses résolutions par des moyens démontrés jusqu'à l'évidence.

Ces réflexions reposent sur la garantie qu'offrent nos citoyens mobilisables. Nos frontières ne peuvent plus être menacées : toute attaque de la part des puissances qui nous entourent serait bientôt repoussée, et coalition et invasion sont désormais impossibles, comme nous l'avons dit.

Si d'un côté nous regardons comme indispensable que la chambre consente, pour le genre d'organisation que nous proposons, des fonds assez considérables, nous offrons en regard de cette dépense une diminution intéressante pour les contribuables, en indiquant de réduire l'effectif de l'armée à un chiffre égal à la moitié si on organise de suite la garde nationale mobile.

Si nous jetons un regard sur plusieurs puissances voisines, nous trouvons une analogie parfaite de moyens semblables non-seulement conçus, mais mis en pratique : les grands avantages qu'elles ont recueillis devancent les nôtres, parce qu'elles comptent d'assez longues années d'organisation première ; aussi se font-elles gloire de se trouver aujourd'hui en mesure, tandis que nous sommes seulement groupés pour concevoir les moyens à mettre en usage.

Les avantages que les puissances européennes ont reconnus de l'usage du fusil à piston les ont déterminées à faire subir à leurs armes à feu le changement de système. On se demandera avec vérité comment il se fait que la France se soit ainsi laissé devancer dans la mise en pratique de ce procédé généralement approuvé. Le motif de la dépense peut être invoqué dans la réplique, mais on a laissé ignorer qu'une personne a offert de changer le système de nos armes à feu pour 3 francs 50 centimes par arme.

L'ouvrage que nous présentons offre un dispositif précis, susceptible d'être livré à la sage méditation de nos législateurs. C'est avec un mode solide dans sa base, facile dans son application, éclairé par quelques années d'expérience, qu'on saura apprécier les résultats qu'on doit en attendre.

Nous serions heureux que les bons citoyens, partageant avec nous l'amour que nous avons pour notre patrie, ajoutassent leurs lumières à notre faible conception, et que l'on pût parvenir à perfectionner ce plan de manière à le rendre praticable et à peser le moins possible sur le trésor public aussi bien que sur nos concitoyens. Ce but atteint, nous trouverons la plus belle récompense à laquelle nous puissions prétendre si nous avons encore été de quelque utilité à la patrie.

RÉFLEXIONS POLITIQUES.

Maintenant que la question politique est décidée et que les coups sont portés, que le premier coup de canon a été tiré à Beyrouth par les puissances signataires du traité, nous devons dire :

A LA PRUSSE,

Qu'il est dans son intérêt de vivre de bonne harmonie avec la France, car si elle nous forçait à user de représailles, la Prusse doit être bien convaincue qu'outre les grands moyens militaires que nous avons pour appuyer nos volontés, nous possédons aussi à notre disposition *la propagande*, qui, si nous en faisions usage envers les provinces rhénanes, celles-ci pourraient bien se rappeler qu'elles ont fait partie du grand territoire et qu'elles y ont été traitées cordialement comme le reste de la France, sans distinction d'ancienneté, ce qui ne leur est pas accordé sous la nouvelle domination qui leur a été infligée, et sous ce rapport, elles seraient heureuses de redevenir françaises.

Sa coopération au traité de Londres du 15 juillet a déjà refroidi les deux gouvernemens, et si elle continuait à soutenir la gageure en s'accolant au drapeau de Palmerston, nul doute que la France désapprouverait cet acte déloyal et qu'il naîtrait un conflit dont la Prusse aurait à se repentir. Il faut espérer que, consultant sévèrement ses intérêts, elle se retirera d'une coalition qui à coup sûr lui deviendrait funeste en compromettant d'abord sa tranquillité et par suite celle de l'Europe entière.

La France, d'après l'attitude imposante qu'elle vient de se créer, n'a plus à craindre les répétitions de 1814 et 1815. La Prusse ne doit pas se laisser bercer par le souvenir de ses succès à ces deux époques. Les malheurs que la France a éprouvés dans cette circonstance l'ont éclairée et lui ont appris qu'il fallait tout faire, tout employer pour ne plus les encourir. La nation française mettra ses immenses ressources en usage, emploiera tous les moyens pour éviter le retour de semblables malheurs. C'est alors que l'adage du grand Frédéric se trouverait bien accompli : « Je connais bien des chemins » disait-il, « pour entrer en France, mais je n'en connais pas pour en sortir, etc. »

A L'AUTRICHE.

Ne pas laisser ignorer à M. de Metternich que la France a su apprécier sa conduite feinte et sa loyale franchise, démenties aujourd'hui.

Son dernier pacte avec la Russie, notre ennemie jurée; son association de cœur et d'âme à la cruelle politique de l'empereur Nicolas, toutes ces combinaisons nous ont donné la conviction que M. de Metternich est toujours contraire à la France.

Le gouvernement français n'a jamais été sa dupe, car, fidèle à ses principes de maintenir la paix, le pouvoir de Juillet a apporté dans toutes les relations politiques avec l'Autriche une loyauté qui n'a pas été partagée par M. de Metternich ; il a pris cette loyauté pour de la crainte, et il a traité nos ambassadeurs avec peu de courtoisie.

Il s'est associé avec lord Palmerston; la France a été éloignée de toute communication du traité ; son ambassadeur à Londres n'a été ni consulté ni prévenu : voilà un manque de convenance diplomatique qui équivaut à une déclaration de guerre. Cependant M. de Metternich ne doit pas ignorer que nous ne manquons pas de moyens pour relever le gant quand nous voudrons : il a dû se convaincre que, malgré nos principes bien reconnus de maintenir la paix, nous ne craignons pas la guerre, que nous sommes prêts; nous l'accepterons si elle nous est présentée, et nous la ferons puisqu'on nous y force. Nous verrons comment l'Autriche soutiendra nos attaques si nous sommes obligés d'en faire.

Comme envers la Prusse, nous obtiendrions de tous nos moyens indiqués des résultats difficiles à détourner. Notre drapeau national planté sur le sommet des Alpes amènerait à nous les braves Italiens, qui ne demandent qu'une occasion favorable pour recouvrer leur liberté. M. de Metternich ne devra pas nous en faire le reproche, car il doit savoir que quand on est en guerre, tous les moyens sont bons à employer envers son ennemi.

Nous pourrions lui adresser le grave reproche de mettre dans l'erreur les sujets du pape en leur faisant annoncer par des agens que la France va venir à leur secours ; ces insinuations perfides ont déjà produit des accidens : il y a eu révolte, et c'est le prétexte qu'il fallait au gouvernement autrichien pour occuper les États du Saint-Père. Ils vont l'être ! Et pourtant Ancône a été évacuée par les Français. Quelle rouerie politique de la part du doyen de la diplomatie !

A LA RUSSIE.

La Russie n'a cessé de *mépriser* le gouvernement de Juillet dans la personne du roi constitutionnel que la France s'est choisi à sa révolution de 1830.

Louis-Philippe a été, dans toutes les occasions, l'objet d'une haine croissante pour l'autocrate Nicolas ; il les a toutes saisies avec une maligne satisfaction, en s'opposant à ce que les fils du roi des Français trouvassent des compagnes dans les États d'Allemagne ; mais grâce à l'heureuse harmonie qui règne parmi les princes de plusieurs de ces États, qui savent se défendre de l'influence despotique que veut exercer envers eux l'autocrate, ils ont doté la France de leurs filles : nous ne craignons pas d'être démenti en avançant que ces princesses réunissent les vertus aux grâces, la perfection au mérite ; elles possèdent la vénération de tous les Français, puisqu'elles ont su acquérir le dévouement et l'attachement que la nation entière leur a voués.

Ce tableau fidèle de l'expression franche et vraie de nos concitoyens ne touchera pas favorablement l'autocrate majesté ; nous en sommes on ne peut plus désespéré, et nous trouverons une grande consolation dans la présence en France de nos deux princesses, dont l'heureux avenir appartient à la nation et qui forme ses plus hautes espérances.

Comme l'ambassadeur russe était le coryphée dans les débats du traité de Londres, il faut en conclure que la France n'a pas d'ennemi plus acharné que la Russie. Les quatre puissances qui ont concouru au traité ne dissimulent plus aujourd'hui leur volonté, et une coalition est arrêtée si la France veut faire la guerre. Il ne faut pas reculer devant cette menace ; le gouvernement doit tout employer, tout prévoir pour s'y disposer ; nous pouvons en trois mois au plus être en mesure d'agir, mais il faut que le cabinet fasse connaître par son manifeste la portée de ses vues, et que les voies et moyens y soient clairement exprimés.

Dieu veuille que toutes les ressources de la France ne soient pas mises en usage ! Du moins, si nous devions les utiliser, nous aurions déjà fait un grand pas par tous les armemens ordonnés jusqu'à ce jour, par la continuation hâtée des travaux de nos nombreuses fortifications.

Ce serait toujours un dispositif louable, qui nous place dans la situation de ne rien craindre de la guerre et d'être toujours parés, quels que soient les événemens.

Que l'Angleterre, l'Autriche et la Prusse méditent bien dans cette circonstance, car qu'ont-elles à gagner avec la Russie ? Ses intentions sont bien connues, elle dénonce chaque jour son système, elle veut dominer en Orient, et quand elle en sera venue à son but, elle se retournera vers l'Occident et voudra y exercer la même domination. Que fera-t-elle d'abord en Orient ?

Après s'être emparée de la Perse, elle envahira l'Inde, qu'elle voudra posséder, anéantira l'influence anglaise et absorbera tout son commerce.

Que deviendra alors l'Angleterre? Réduite à son continent, lord Palmerston aura fait payer chèrement à sa nation sa fausse politique.

Quand la Russie aura exécuté ses desseins en Orient, elle s'occupera de l'Europe; sa première œuvre aura été de s'emparer de Constantinople, elle prétendra à la possession de tout ce qui avait appartenu en Europe à la Turquie.

L'Autriche sera dépouillée de toutes ses possessions en Pologne et en Moldavie. La Prusse perdra nécessairement aussi toutes ses possessions en Pologne; encore se trouverait-elle heureuse si elle conservait Kœnisberg et son duché, parce qu'il serait enclavé et contigu au duché de Varsovie.

Enfin de cette alliance de l'Angleterre, de l'Autriche et de la Prusse il en résulterait nécessairement le partage du lion.

La pensée de l'envahissement de Constantinople par la Russie date de loin; c'est à cet effet que Catherine fit nommer son petit-fils Constantin.

D'après tout ce que nous venons d'exposer et qui repose sur les probabilités les plus patentes, il est donc dans l'intérêt de la Prusse, de l'Autriche et de l'Angleterre de ne pas se séparer de la France. Ces quatre puissances bien réunies, s'entendant parfaitement, peuvent anéantir les monstrueux projets de l'empereur Nicolas.

Les trois souverains alliés maintenant à la Russie sentiront sans doute tout ce qu'ils ont à perdre; l'Angleterre courra la première chance; la Prusse et l'Autriche ont tout à redouter. Il faut penser que ces gouvernemens auront assez de sagesse pour ne pas s'engager dans une fausse politique, et qu'une mûre réflexion leur viendra en aide.

Quant à la France, elle est en mesure, elle se trouve préparée à tous les événemens; elle ne craint pas la guerre, elle veut la paix avec honneur; elle peut prouver qu'avec deux millions d'hommes sous les armes, ayant des milliers de canons et tout ce qui est nécessaire à une armée nationale, quand elle voudra, elle pourra.

En arrière de ces deux millions de combattans elle peut compter au besoin sur un million de gardes nationaux sédentaires qui défendront leurs foyers ; il s'y trouvera bien cinq cent mille volontaires pour grossir les rangs des combattans.

D'après toutes nos ressources, les puissances qui nous sont opposées demeureront convaincues que nous ne craignons ni coalition ni envahissement.

Enfin la Russie peut bien se pénétrer que, reconnaissante, la France n'oubliera pas l'infortunée Pologne, et qu'elle ne négligera aucun des moyens qui seront en son pouvoir pour la relever de sa chute douloureuse à nos cœurs ; et les paroles de l'un de nos ministres, qui s'est écrié à la tribune nationale : « Non, la Pologne ne périra pas, » deviendraient une vérité.

Déjà les offres faites par des citoyens de fournir en cas de guerre, l'un des chevaux, l'autre des fonds, etc., sont du plus heureux présage : à leur imitation, le civisme de la nation établira une heureuse rivalité en ce genre, le gouvernement peut y compter.

Accepter l'offre et le concours des services des Polonais en France et dans les puissances circonvoisines est un bienfait qu'il faut recevoir.

Le gouvernement ayant l'heureuse intention de faire établir les contrôles des gardes nationaux, l'organisation sera faite en moins de deux mois.

Avec ces moyens gigantesques, M. le président du conseil pourra démontrer à l'Europe que s'il a *parlé haut*, pour nous servir de l'expression des journalistes anglais, il le pouvait avec toute assurance. On doit croire que celui qui a écrit l'histoire de la révolution, qui a si bien développé toutes les fautes politiques qui ont été faites jusqu'à la chute de l'Empire et pendant la Restauration, qui a indiqué les moyens qu'on aurait dû employer, saura, maintenant qu'il est au timon des affaires, démontrer qu'il mettra à profit l'expérience pour joindre la pratique à la théorie. C'est alors que le roi citoyen pourrait dire d'après le second adage du grand Frédéric : « Je suis roi des Français, et il ne se tirera plus à l'avenir un seul coup de canon en Europe sans ma permission. »

Comme ces moyens sont bons et infaillibles, pris sur telle échelle qu'il conviendra, si le gouvernement veut adopter maintenant un système et le déclarer immuable à la France, qui, sous l'influence d'une inquiétude dangereuse, attend le discours de la couronne à l'ouverture prochaine de la session comme une franche et loyale vérité, seule ressource qui peut donner aux gouvernans cette confiance et cette considération politiques depuis plusieurs années chancelantes.

Il est affligeant et très-peu rassurant, dans la crise politique où se trouve la France, que le ministère en entier se soit retiré.

Celui qui lui succède ne s'en sortira pas, parce qu'il sera obligé de suivre la ligne des concessions humiliantes qui nous sont offertes, et notre position, au lieu de s'améliorer, deviendra plus critique.

A un peu d'estime que nous ont conservée jusqu'à présent les puissances de l'Europe succèdera le mépris ; alors la paix générale sera troublée, elles nous feront une guerre à outrance. Nous l'avons annoncée, le 27 décembre 1832, à un haut personnage qui nous avait admis à causer librement avec lui : il devra bien s'en souvenir.

PROPOSITION

FAITE AUX COMITÉS D'INFANTERIE ET DE CAVALERIE,

PRÈS LE MINISTRE DE LA GUERRE,

DE

NOUVEAUX MODÈLES D'EFFETS D'HABILLEMENT, D'ÉQUIPEMENT, DE COIFFURE ET D'UN HAVRE-SAC,

Présentant de grands avantages sous le rapport de la qualité, de la solidité et de la durée de chaque effet, allégeant la charge énorme que les soldats ont à porter, offrant enfin une *économie considérable et positive* au gouveruement,

PAR M. DUFAURE (de Montmirail),

Ex-officier au 12e régiment de dragons.

1840.

RAPPORT

Présenté aux comités d'infanterie et de cavalerie, près le ministre de la guerre, par M. Dufaure (de Montmirail), ex-officier au 12e régiment de dragons.

Messieurs,

N'ayant pas voulu donner trop de publicité à mes nouvelles inventions relatives à un équipement militaire à l'usage de l'infanterie et de la cavalerie, avant de l'avoir présenté à M. le ministre de la guerre et soumis à votre examen, je n'ai point fait les expériences, qui me paraissent néanmoins importantes. Ayant à ma disposition trois équipemens d'infanterie et deux de cavalerie, je demande maintenant à être autorisé à faire quelques essais dans les divers régimens de la garnison de Paris avant que les Comités aient pris une détermination à mon égard.

Je voudrais connaître l'opinion des officiers qui voudraient bien me faire des observations; je les autorise, s'ils le veulent, à les joindre à la suite de mon rapport, de quelque nature qu'elles puissent être.

Avant que vous ayez examiné les divers objets que je présente et pour prévenir toute fâcheuse impression qui pourrait ne tenir qu'à l'imperfection de leur confectionnement, soit pour le fini, soit pour la solidité, je crois important de vous avertir que c'est entièrement mon ouvrage et que si c'était fait par des ouvriers exercés et habiles, les effets seraient autrement soignés et nécessairement beaucoup mieux en tous points.

HABILLEMENT.

CAPOTE.

AVANTAGES DES OBJETS PROPOSÉS.

Le modèle que nous présentons réunit aux avantages désirables l'élégance et la commodité.

La capote aurait des revers et des paremens en drap de couleur tranchante; ces deux parties, dont nous admettons l'usure anticipée sur le corps de ce vêtement, seraient faciles à remplacer comme étant plus susceptibles à se détériorer par l'usage journalier que les soldats feraient de la capote, qui serait, d'après notre système, le principal effet dans la tenue.

Ce moyen ornerait l'uniforme militaire.

Moins longue que la capote en usage, il faudrait moins d'étoffe. Les boutonnières seraient remplacées par de fortes agrafes qui seraient cachées par une bande dite anglaise, garnie de passe-poils et de boutons pour plus de régularité dans la tenue; on pourrait donner à la jupe plus d'ampleur et de largeur, toutefois sans dépasser le dessous du genou : elle aurait ainsi de la grâce. Les agrafes qui se trouvent aux deux coins au bas de la jupe servent à relever les côtés pendant la marche, et le double rang qui est sur la poitrine est destiné à resserrer ou élargir la capote à volonté. Son ampleur serait telle qu'on pourrait mettre dessous en hiver un gilet.

Les passans d'épaulettes sont beaucoup plus commodes; le soldat peut seul ôter et remettre ses épaulettes sans ôter son vêtement. L'épaulette n'éprouverait plus ce frottement continuel qui l'use beaucoup.

Avec notre capote, nous n'au-

INCONVÉNIENS DE CEUX ACTUELLEMENT EN USAGE.

Son ampleur est trop considérable, elle est gênante pour le soldat. Soit pendant les exercices, soit hors du temps du service, pendant l'hiver, les hommes sont matelassés avec la capote, l'habit ou par le gilet à manche qu'ils doivent porter dessous; sans le gilet ou l'habit, la capote est disgracieuse, le devant du collet tombe sur la poitrine; pour y remédier, les soldats ont introduit un piqué qu'ils suspendent à leur cou pour remplir le vide.

La pesanteur de la capote se ressent surtout quand il faut la porter sur le sac; ajoutons que pour la plier et l'arrondir dans les dimensions du havre-sac on énerve le drap, car il faut autant de force que d'adresse pour parvenir à comprimer le volume de l'objet.

Son prix est cause d'une forte dépense au budget de la guerre.

La durée de trois ans assignée à ce vêtement est généralement reconnue trop étendue, et s'il fallait la réduire, la dépense s'accroîtrait.

Il est encore vrai que la forme grotesque de la capote rend l'homme ridiculement vêtu; son amour-propre en souffre, et sous ce rapport, éprouve de la peine à s'y habituer.

AVANTAGES DES OBJETS PROPOSÉS.	INCONVÉNIENS DE CEUX ACTUELLEMENT EN USAGE.
rions pas besoin de l'habit : ce serait un point positif d'économie.	
Malgré tous les avantages énoncés ci-dessus, nous pensons qu'on pourrait accroître les améliorations.	
Nous admettons que son prix serait moindre que celui de la capote en usage.	
Le jupon de la capote est susceptible de se détacher à volonté du corsage, afin que pendant un temps pluvieux il ne puisse pas augmenter la charge du soldat, et que pendant les chaleurs il ne gêne pas l'homme dans la marche.	
Par ce moyen, le soldat aurait deux vêtemens dans un seul.	
Lorsqu'on enlèverait le jupon du corsage, ce jupon serait mis sous le recouvrement du sac.	

GILET A MANCHES.

Notre opinion serait que le gilet à manches soit ample et long, parce que le soldat doit s'en couvrir lorsqu'il doit travailler et quand il va en corvée ou aux exercices.	Le gilet à manches en service maintenant a généralement le grave défaut d'être trop juste au corps, tandis que par l'usage que les soldats sont appelés à en faire, il faudrait que, considéré comme costume de travail, de corvée et d'exercice de détail, il fût ample et large, descendant jusqu'au-dessous des hanches pour laisser les hommes libres de leurs mouvemens.
On pourrait laisser en arrière du gilet une forme très-courte de pans d'habit où deux poches seraient pratiquées.	Soit le motif d'une économie d'étoffe réversible sur la longueur des habits, soit la fantaisie blâmable de voir les soldats pincés à la taille, avec un jabot boursouflé sur la poitrine, le fait est que le gilet en usage aujourd'hui est devenu le ridicule objet d'une tenue bizarre tout à fait éloignée de son but.
Ce serait alors une deuxième tenue qui pendant les temps froids serait placée sous la capote.	Si les devans du gilet suivent le mouvement des bras en les élevant pour ne plus descendre sur les hanches sans le secours des deux mains, il faut convenir que c'est parce que l'ampleur du vêtement manque entièrement.

PANTALON.

AVANTAGES DES OBJETS PROPOSÉS.

Les soldats de toutes les armes peuvent faire usage du pantalon que nous proposons.

La forme est la même, il n'y a que la coupe qui diffère.

L'ouverture dite du grand pont n'existerait plus ; il y aurait une couture derrière, prolongée jusqu'à un demi-pouce de la couture de l'entre-jambe, ce qui dispenserait l'homme de se déshabiller en partie pour satisfaire à ses besoins. Une seconde ouverture serait ménagée au bas du devant ; elle n'a que dix centimètres d'étendue : on aperçoit son but.

La grande ouverture n'aurait que quatre boutons, et la petite un seul ; en ôtant celui du milieu et le petit, on est prêt !

Les soldats, pendant le combat ou en route, pendant un temps froid, n'ont que peu d'instans à donner pour se satisfaire : cet avantage est immense.

Combien d'hommes n'avons-nous pas perdus dans le Nord et pendant toutes nos guerres parce qu'ils ne pouvaient plus remettre ni boutonner leur pantalons?

Il y aurait une économie d'étoffe dans la coupe du pantalon, et on pourrait obtenir aussi une réduction de prix de main-d'œuvre.

L'usage de cette forme de pantalon est déjà introduit dans la classe civile, surtout chez les jeunes gens qui montent à cheval. Loin de présenter des inconvéniens, le pantalon va beaucoup mieux, emboîte parfaitement le bassin et ne gêne en aucune manière.

Beaucoup de marchands tailleurs m'ont adressé des remercimens à l'égard de cette notable amélioration.

Les caleçons dont font usage les soldats seraient coupés et façonnés de la même manière.

INCONVÉNIENS DE CEUX ACTUELLEMENT EN USAGE.

Le pantalon de drap garance dont on se sert aujourd'hui dans tous les régimens de l'armée nous semble pécher essentiellement par sa confection ; nous lui reprochons d'avoir trop de boutons et de boutonnières, qui sont des causes de dégradation par l'inconvénient de défaire et de remettre très-souvent le devant du pantalon.

La coupe du pantalon est peu gracieuse ; les hommes éprouvent de l'ennui et de la difficulté à ôter et remettre leur effet, surtout pendant les temps froids ; ils n'y parviennent qu'avec peine.

COIFFURE.

AVANTAGES DES OBJETS PROPOSÉS.

Nos lecteurs peuvent fixer leur attention sur le dessin que nous produisons avec nos réflexions.

Notre schako est en matière préparée, solide, durable, facile à entretenir.

Bien moins pesant que celui maintenant en usage, il résisterait également aux coups de sabre.

Sa forme plus rétrécie dans le haut, une élévation moindre, le rendent nécessairement plus d'aplomb sur la tête.

Des jugulaires placées avec discernement ne peuvent prendre d'autre direction que celle de l'extrémité basse du menton, sans jamais reculer vers l'oreille ni gêner aucune partie du visage; le plus léger mouvement du menton assujettit la coiffure sur la tête.

Les ornemens de côté dissimulent les deux ventouses ménagées pour le renouvellement de l'air et embellissent cette coiffure.

En haut, se trouve une gance soutenant la cocarde sous laquelle le gousset du pompon est placé.

Au-dessous se trouve le numéro du régiment.

Il règne autour du bas une gouttière élevée au centre derrière; par un temps de pluie, elle ramène l'eau sur le devant, qui coule et s'échappe sans incommoder l'homme.

La visière, placée de manière à garantir parfaitement les yeux, n'est ni trop basse ni trop élevée; elle ne gêne en rien, soit pour ajuster, soit pour regarder devant soi; elle ne cache point trop la figure.

Son prix est moindre que celui de l'armée, son entretien bien moins dispendieux.

Le soldat est coiffé d'une manière gracieuse, il est désormais à l'abri de voir son schako s'échapper en courant.

INCONVÉNIENS DE CEUX ACTUELLEMENT EN USAGE.

Les schakos de différentes formes qui ont été utilisés pour la coiffure des soldats d'infanterie ont peu varié.

Ce serait une preuve qu'en s'arrêtant à ce genre de coiffure on en acceptait les grands inconvéniens tout en cherchant une forme plus convenable, ne pouvant pas bouger sur la tête et moins coûteuse.

En examinant le schako actuel ne trouve-t-on pas qu'il est d'abord très-lourd, qu'il est d'une dureté rebutante pour les hommes qui doivent prêter douloureusement leur tête pour former le schako?

Très-peu solide sur la tête, bien que soutenu sous le menton par les jugulaires, il vacille sans cesse et s'échappe trop souvent; le moindre choc le fait tomber.

Si un soldat veut courir, ne le voit-on pas assujettir sa coiffure en y portant la main.

N'avons-nous pas vu, dans les départemens de l'Ouest, nos soldats laisser leur schako dans leur logement et prendre leur bonnet de police, pour pouvoir être plus en mesure de courir après les réfractaires?

Leurs cartouches dans un mouchoir dont ils se ceignaient le corps les rendaient entièrement libres et agiles. Ils n'avaient plus à redouter l'incommodité de la giberne et du schako.

Enfin cette coiffure ne garantit pas le soldat de la pluie ni de la chaleur. La qualité des matières qui le composent laissent beaucoup à désirer; elles sont le motif d'une grande dépense pour l'entretien.

BONNET DE POLICE.

AVANTAGES DES OBJETS PROPOSÉS.

Nous nous bornons à dire que le bonnet de police aujourd'hui en usage dans toutes les armes a atteint le degré de perfection qui s'est fait désirer trop longtemps.

INCONVÉNIENS DE CEUX ACTUELLEMENT EN USAGE.

Le mieux est l'ennemi du mal.

ÉQUIPEMENT.

CARTOUCHIÈRE.

Elle peut convenir pour toutes les armes.

Elle est beaucoup plus légère, moins volumineuse et d'un prix d'achat moindre que celle actuellement en usage.

Cette cartouchière s'ouvre facilement et se referme d'elle-même subitement et hermétiquement sans le secours de contre-sanglon.

Elle peut contenir trente cartouches et tous les petits objets utiles pour le démontage et remontage des armes à feu.

Se fermant seule, elle préserve les cartouches de se perdre et les garantit de tout accident, de pluie ou des étincelles du bassinet.

Ordinairement portée derrière, elle est adaptée à un ceinturon sur lequel elle glisse à volonté autour du corps. Le soldat peut la placer sur le côté ou sur le devant sans difficulté; il peut donc se coucher comme bon lui semble. La cartouchière remplie ne peut gêner ni surcharger le soldat, parce que le ceinturon sur lequel elle glisse est attaché à volonté, en avant, par deux contre-sanglons aux bretelles réunies du sac. Un autre contre-sanglon la contient par derrière au sac.

Elle peut facilement se retirer comme se placer sur le ceinturon.

Le cuir dont elle est composée

GIBERNE.

Les gibernes dont on se sert depuis très-longtemps ont de graves inconvéniens.

Que de malheurs la France n'a-t-elle pas eu à déplorer de la forme de cette giberne pendant nos dernières campagnes de l'Empire! Par une longue série de jours de pluie, en Prusse, nos cartouches, dans ces gibernes, ne furent-elles pas avariées au point de ne plus pouvoir servir! Sans contredit, la plus désastreuse circonstance à citer est la bataille de Yaore, en Silésie. Ces faits parlent assez haut.

Cette giberne est d'une pesanteur énorme; il y a toujours difficulté à l'appliquer convenablement à la hauteur voulue; son entretien pour l'approprier est coûteux au soldat; l'article des réparations est un motif de dépense; le renouvellement des bordures, souvent celui du coffret, devient très-dispendieux.

Porté à l'aide d'une banderole, elle est mal assujettie sur le corps de l'homme, et quand il s'agit de courir, si le soldat est obligé de porter une main à son schako, il doit placer l'autre à sa giberne pour empêcher que la giberne batte constamment sur lui.

Comme le schako, la giberne, gênant et surchargeant le soldat,

AVANTAGES DES OBJETS PROPOSÉS.	INCONVÉNIENS DE CEUX ACTUELLEMENT EN USAGE.
est d'une qualité telle que la cartouchière ne craint aucune altération ; son entretien devient facile, puisqu'il ne faut qu'enlever la poussière pour qu'elle soit propre. Elle ne peut détériorer en aucune manière les effets d'habillement du soldat. La force de la matière de la cartouchière présente l'avantage de résister à tous les chocs ; on peut frapper dessus à coups de sabre sans craindre de la casser. Ainsi fixée, le soldat peut se livrer à tous les exercices, courir, sauter, sans craindre la perte de ses cartouches. On a établi une comparaison entre le nombre de cartouches employées par plusieurs militaires qui avaient, les uns la giberne actuelle, les autres la cartouchière. Le résultat a été que, dans un temps donné, ceux qui avaient l'ancienne giberne ont tiré quatorze coups et que ceux qui faisaient usage de la cartouchière en ont tiré trente-six. Plusieurs officiers généraux ont assisté à ces expériences.	était abandonnée lorsqu'il fallait courir dans les campagnes.
CEINTURON. Le ceinturon est en buffle garni en dedans vers le corps d'une étoffe destinée à atténuer l'effet du frottement. Il ceint le corps de l'homme et ferme par devant avec une boucle à passant en cuivre qui se fixe dans une attente ronde de même métal pour recevoir le bouton bombé. La boucle peut à volonté s'avancer ou reculer, afin de pouvoir servir aux hommes de différentes grosseurs. C'est à ce ceinturon que se place la cartouchière ; le porte-baïonnette, soutenu par un passant en buffle, s'y trouve également suspendu du côté droit, ou peut facilement le faire mouvoir. Le pendant du sabre est aussi en buffle ;	**PORTE-GIBERNE.** Cet objet est encore lourd ; il nécessite de la part du soldat des soins pour le tenir propre. Placé sur l'épaule gauche pour soutenir derrière la giberne, il est disparate si on compare un homme du centre avec un grenadier ou un voltigeur. Le porte-giberne ne peut que difficilement glisser sur le corps de l'homme quand il a le sac sur le dos. Son entretien est encore coûteux : le porte-baïonnette est souvent à recoudre parce que le mouvement continuel de la baïonnette agitée par la marche use. Le frottement de la baïonnette dégrade l'habit et le pantalon.

AVANTAGES
DES OBJETS PROPOSÉS.

il est supporté par un passant en buffle du côté gauche, ayant la latitude de s'avancer sur la cuisse ou de se porter en arrière, en sorte que le sabre ne gêne ni pour le port d'armes ni pour le mouvement de mettre le genou en terre, car quand le soldat est dans cette position, le sabre reste droit et suspendu au ceinturon sans toucher terre. Nous parlons ici de la baïonnette, mais nous sommes grandement partisan de voir adopter le sabre-baïonnette, qui se porterait dans un fourreau, du côté gauche, au lieu du sabre actuel, que l'on supprimerait.

Ces trois objets adaptés au ceinturon n'empêchent en rien le mouvement de rotation de la cartouchière : deux courroies en buffle, qui se placent et se démontent à volonté, soutiennent le devant du ceinturon ; la partie supérieure de ces deux courroies s'attache à la jonction d'une autre et large courroie qui ramène vers le centre du haut du corps les deux bretelles du sac.

De même que d'après le système actuel, tous les effets d'équipement sont une charge sur le corps du soldat, dont la totalité pèse sur les épaules, et de plus une partie vient pendre plus bas que la ceinture en arrière ; mais nous avons l'*immense* avantage que cette charge ne vacille pas et qu'appuyant sur le haut du corps et contre les reins, l'homme a beaucoup plus de force pour en supporter le poids. Ajoutons que le soldat, en marchant, peut décrocher le bouton du ceinturon et rester sans être serré, s'il le veut.

Le paquetage ainsi fixé, l'homme étant bien coiffé, il pourra désormais courir avec agilité et vitesse sans être contraint de s'emparer spontanément de sa giberne et de son schako.

INCONVÉNIENS
DE CEUX ACTUELLEMENT EN USAGE.

Le blanc que l'on emploie pour nettoyer le porte-giberne grève l'ordinaire du soldat.

AVANTAGES DES OBJETS PROPOSÉS.

INCONVÉNIENS DE CEUX ACTUELLEMENT EN USAGE.

Nous donnerons encore à l'article du havre-sac de plus amples considérations qui nous semblent prévaloir beaucoup sur le mode général suivi jusqu'à ce jour dans l'armée.

Nous devons répondre d'avance à une objection faite depuis longtemps contre notre système : on dit que la pression autour des reins peut amener à la longue des hernies et autres accidens de même nature.

Nous répondrons par l'exemple de la cavalerie, qui depuis sa formation porte le ceinturon. Or la pesanteur et la fatigue du sabre, ballottant et mouvant sans cesse par suite des secousses très-pénibles et des diverses allures du cheval, n'ont occasionné jusqu'à ce jour aucun accident de ce genre, pas même chez les cuirassiers, qui ont en outre de plus à supporter le poids énorme et la pression de la cuirasse.

Cependant loin d'être fatigués par cet état presque permanent de pression des reins, les hommes en ressentent un réel soulagement.

Chez tous les gens de peine, ouvriers, matelots, coureurs, n'est-il pas d'usage de se ceindre fortement les reins avant de se mettre à l'œuvre? Il est en effet évident que les organes digestifs ainsi maintenus seront à l'abri de secousses et que par suite leur déplacement sera moins à craindre.

Nos soldats, en Vendée, ne se serraient-ils pas le corps avec leur mouchoir ou leur bretelle de fusil pour pouvoir courir?

Nous destinons aussi ce ceinturon aux armes de cavalerie; une forte boucle fixée sur le devant peut facilement se placer et s'ôter; elle est tenue fortement sans être cousue : deux bélières à passans en buffle, arrêtées par un battant en cuivre, les empêchent de bouger sur le ceinturon. Par ce moyen on

AVANTAGES DES OBJETS PROPOSÉS.	INCONVÉNIENS DE CEUX ACTUELLEMENT EN USAGE.
serait à l'abri d'accidens graves résultant ordinairement du peu de solidité de la petite bélière. Nous pouvons en citer plusieurs dont nous avons été témoins, tous survenus pendant les manœuvres. La petite bélière s'étant décousue par suite du mouvement continuel du sabre pendant sur le côté, et le sabre ayant fait la bascule, la lame, sortie du fourreau la pointe en l'air, est entrée dans le ventre du cheval. C'est à.... Stenai, à.... Neuf-Brisach et à.... Paris que ces accidens ont eu lieu. On peut s'en convaincre en compulsant les procès-verbaux qui les ont constatés et qui sont déposés aux archives de la guerre.	

PETIT MANTEAU.

Le petit manteau que nous proposons remplacerait avantageusement la capote. On pourrait admettre qu'il fût en toile cirée ou en toute autre étoffe imperméable. Nous le considérons comme indispensable à la tenue ; il garantirait le soldat de la pluie et du froid, préserverait de toute avarie les vivres et effets de toute sorte qui se placent ordinairement au dessus et en dehors du sac. La platine de l'arme serait garantie de l'humidité pendant le mauvais temps, l'homme portant son arme sous le bras. L'ampleur de ce petit manteau est suffisante pour que le soldat puisse s'en couvrir pendant son sommeil au bivouac. L'immense avantage que présente ce manteau serait qu'après une journée de marche pénible par un temps de neige ou de pluie, le soldat n'aurait aucune partie de son habillement ni de son équipement mouillée ; il ne	Si la capote préserve le soldat du froid et de la pluie en partie, n'a-t-elle pas, comme nous l'avons dit, l'inconvénient grave d'être extrêmement lourde et embarrassante? Une fois imbibée par la pluie, sa pesanteur est énorme.

AVANTAGES DES OBJETS PROPOSÉS. | INCONVÉNIENS DE CEUX ACTUELLEMENT EN USAGE.

lui resterait qu'à soigner sa chaussure.

Confectionné en toile cirée ou en toute autre étoffe imperméable, ce petit manteau serait léger; il serait facile de le cacher sous le couvert du sac.

Par sa forme il joint la coiffure et empêche l'eau de pénétrer dans le col de l'homme.

Peu dispendieux, on le mettrait, comme la coiffe de schako, au compte de la masse individuelle : le soldat en aurait beaucoup plus de soin.

Ce petit manteau, comme le dessin l'indique, est porté par-dessus le sac en temps de pluie.

HAVRE-SAC.

Le premier et le plus important des avantages du sac que nous présentons est de moins fatiguer le soldat. Les bretelles étant fixées à la partie supérieure du sac sont d'une largeur telle qu'elles couvrent toute l'étendue supérieure des épaules; elles empêchent le sac de se porter en arrière; la coupe cintrée des bretelles dégage entièrement l'articulation des aisselles, ne gène en rien le mouvement des bras. Le soldat n'éprouve plus cette douleur continuelle occasionnée par les bretelles trop étroites du sac actuel sur le tendon de l'aisselle.

Les bretelles sont munies à leur extrémité d'un bouton-crochet en cuivre, qui se détache à volonté pour serrer plus ou moins le sac sur le dos en le reculant ou l'avançant d'un trou.

L'anneau en fer adapté derrière le sac et près de la couture reçoit le crochet en cuivre des bretelles.

Les deux anneaux en cuivre attachés à la partie supérieure et à la partie inférieure du sac sont destinés à recevoir les courroies qui

Le sac dont les soldats d'infanterie font usage depuis longtemps n'est pas d'une forme heureuse et ne tient pas facilement droit sur le haut du corps de l'homme; il vacille et fatigue considérablement le soldat. Pendant les temps de pluie, l'humidité, pénétrant le poil et la peau recouvrant le sac, augmente d'une manière étonnante la charge du soldat. Les bretelles du sac portant sur le devant et dessous les épaules occasionnent par une pression constante de douloureuses fatigues qui contribuent très-souvent à rendre le soldat malade, et bientôt forcé de rester en arrière de sa compagnie, il s'achemine vers un hôpital, où le repos indispensable le retient toujours trop longtemps.

La difficulté de bien placer le sac du soldat est grande : il faut prévoir que la charge ne gênera pas l'homme dans ses mouvemens et que ses voisins n'en éprouveront aucun inconvénient. La hauteur de la charge dépassant les épaules de l'homme, les soldats des deuxième et troisième rangs ont de la diffi-

AVANTAGES DES OBJETS PRÉSENTÉS.

soutiennent les vivres de campagne et la petite marmite.

Les deux boutons en cuivre qui se trouvent vers le milieu des bretelles ont pour but de recevoir la martingale ; celle-ci empêche l'écartement des bretelles. Cette martingale, garnie d'un ornement en cuivre, ajoute à l'agrément de la tenue.

Le bouton qui se trouve sur la bretelle à gauche à sa partie supérieure sert à recevoir à volonté une courroie qui se réunit à la ceinture par un autre bouton pour aider à soutenir le sabre pendant la marche et rendre ainsi le tout adhérent.

Le bouton de la bretelle droite qui tient aussi la martingale a pour avantage de recevoir à volonté une courroie devant s'adapter au bouton de la cartouchière et servir à en soutenir le poids et compléter l'adhérence avec le sac.

Nous arrêtons ici l'énumération des minutieux détails, nous réservant de répondre à toutes les questions qui pourraient nous être faites.

En résumé, nous avons démontré avec avantage aux personnes qui ont examiné attentivement le sac que nous présentons que la charge du soldat repose plus commodément sur les épaules, et bien que la pesanteur du sabre, de la baïonnette et de la cartouchière vienne emprunter le secours du haut du corps, il a été constant que le paquetage a été reconnu d'un grand avantage sur le mode dont on se sert dans l'armée.

Les expériences faites ont démontré que les soldats nantis des effets que nous avons présentés ont été tous unanimes pour déclarer qu'ils éprouvaient bien moins de fatigue qu'avec leur fourniment et leur costume ordinaires.

Dirigés à la course sur un point,

INCONVÉNIENS DE CEUX ACTUELLEMENT EN USAGE.

culté à abattre leurs fusils, soit pour croiser la baïonnette, soit dans la charge, soit pour passer l'arme à gauche ; enfin lorsque ces hommes tournent la baguette, il est rare que celle-ci ne se heurte pas contre le sac de leur chef de file.

AVANTAGES DES OBJETS PRÉSENTÉS.	INCONVÉNIENS DE CEUX ACTUELLEMENT EN USAGE.
ils n'ont pas eu à s'occuper de porter leurs mains à la giberne ni à leur coiffure, se trouvant absolument libres de tous leurs mouvemens. Recouvert par le petit manteau en temps de pluie, on n'aurait plus à craindre que l'humidité augmentât le poids du sac.	

DRAGONNE DE LA CAVALERIE, OU CORDON DE SABRE.

La dragonne que nous présentons est faite de manière à pouvoir engager très-facilement le poignet dedans sans le secours de la main gauche; elle se serre d'elle-même assez pour empêcher que le sabre échappe et se perde, et sans gêner néanmoins ni la circulation du sang ni le mouvement du poignet.	La forme de ce cordon, en usage dans la cavalerie, en fait un objet inutile et dispendieux; dans la tenue il n'a que de l'apparence acquise par l'entretien que le cavalier doit en avoir; et souvent nettoyé et blanchi, le remplacement en est fréquent, les masses individuelles le prouvent.

CONSIDÉRATIONS GÉNÉRALES

ET

RÉSUMÉ RELATIF A L'ÉCONOMIE.

Le système que nous présentons repose sur le principe d'une économie positive et a pour but de diminuer la charge que le soldat a continuellement à porter lorsqu'il est en marche, et surtout en temps de guerre.

Nous tenons de nos devanciers que quand l'armée impériale s'éloignait avec rapidité des côtes de la Manche pour franchir le Rhin, les chefs ne pouvaient que difficilement contenir l'ardeur de leurs soldats, et que quand les premières victoires furent remportées, chaque soldat, mû par un sentiment d'honneur, se déchargeait journellement des effets surabondans à sa tenue pour pouvoir plus facilement agir et suivre son rang. Ce fut en vain pendant assez longtemps, ou du moins avec beaucoup de peine, qu'on parvint, après nos glorieuses campagnes, à rétablir autant que possible l'uniformité dans la tenue. En 1807 et 1808, le pantalon, obtenu de nos bons habitans allemands, remplaça la culotte et la grande guêtre; on vit paraître une infinité d'améliorations établies successivement par le simple motif d'une heureuse rivalité, tolérée alors : il y eut de la régularité dans la tenue.

Ce fut donc d'une infraction aux règlemens que l'armée obtint, sans frais pour l'empire, un heureux changement qui diminuait en même temps les dépenses du trésor et le fardeau que le soldat avait à porter.

Admettre ces innovations, c'était de la part de l'empereur un moyen d'accroître l'amour de ses soldats ; il ordonna alors une régularité dans chaque corps sans préciser de couleur, de manière que dans tel pays on voyait des pantalons gris et dans tel autre des pantalons marrons. Bientôt les pantalons de drap cédèrent la place aux pantalons de toile, percale, etc.

Comme il faut admettre que nécessité fait loi, nous nous sommes principalement attaché à réduire à sa plus simple expression la charge du soldat pour qu'il soit agile, qu'il puisse conserver ses forces et qu'on puisse en tirer encore un parti immense, comme le pratiquait l'empereur en faisant marcher toujours son infanterie et la portant dans une journée à des distances qu'une cavalerie pouvait seule franchir. Les résultats ont parlé assez haut pour fixer aujourd'hui l'attention des officiers généraux et du gouvernement.

Pendant les marches, les exercices et en temps de guerre, combien nos soldats d'élite et d'infanterie légère ne souffraient-ils pas de la pression des deux buffleteries sur la poitrine, tandis que le sabre leur frappait au jarret et marquait douloureusement les cadences du pas? Le simple fantassin, qui n'en a qu'une, gémissait également. Aussi quel beau jour est celui où le soldat parvient à se débarrasser de cet importun fardeau.

Si on examine avec attention le soldat d'infanterie avec notre costume, l'équipement, la coiffure et le sac, ne voit-on pas qu'il est exempt de gêne dans tous ses mouvemens?

Vu avec son petit manteau, il est abrité; la tête et le cou sont garantis du vent et de l'humidité, cause essentielle qui assure la conservation de la santé.

Sous le manteau, le soldat se présente bien, nous dirons même beaucoup mieux qu'avec l'uniforme actuel. Le grenadier, le voltigeur, comme le simple fusilier, sont revêtus d'une ceinture; les uns y ont adapté le sabre et la baïonnette, les autres la baïonnette seulement. La cartouchière est commune à tous les hommes gradés comme au simple soldat; sa contenance est la même, les ornemens sont semblables, le prix ne diffère pas, la durée est égale, l'entretien de propreté est on ne peut plus facile.

En général la matière qui compose tous nos effets de grand équipement, quoique en buffle, ne serait pas, d'après notre système, d'une couleur apparente comme les buffleteries dont l'armée se sert; nous teindrions le buffle en noir *noir*. On sait les graves inconvéniens que présente à l'ennemi le rayon que forme à ses yeux la croix des deux buffleteries de nos soldats en bataille. C'est ce motif qui nous a décidé à changer la couleur ordinaire et primitive de cette matière. En second lieu, on avouera que le blanchiment dans les compagnies est une cause de dépense pour les ordinaires et qui diminue la nourriture du soldat.

Le degré de qualité de nos effets de grand équipement ne peut être contesté; notre cartouchière résiste aux coups réitérés du sabre ou de tel objet qu'on voudrait lui opposer : sa faculté de se refermer d'elle-même est d'un avantage immense. Nous répéterons qu'elle peut avec avantage être donnée à toutes les armes.

La cavalerie n'a-t-elle pas à déplorer l'inutilité bien connue de sa giberne, montant et descendant, par suite des allures du cheval, tantôt sur l'épaule, tantôt sur le dos, quand on veut l'atteindre? C'est surtout lorsqu'on la laisse ouverte pour soutenir un feu soutenu que le vice principal surgit : toutes les cartouches sont perdues!!! Dans plusieurs circonstances nous avons vu que, faute de pouvoir conserver une seule cartouche pour commencer le feu et soutenir soit une attaque ou la défense d'un point, la cavalerie s'est vue forcée de se retirer.

La coiffure que nous proposons nous paraît réunir tous les avantages désirables; elle est destinée à remplacer le trop lourd schako dans l'infanterie.

Elle peut résister aux coups de sabre, précaution que l'on doit mettre en première ligne. Bien moins lourde et moins dispendieuse, elle tiendrait solidement sur la tête sans gêner l'homme en aucune manière ; assujettie par deux jugulaires placées avec discernement, celles-ci, fixées à l'extrémité basse du menton, resserreraient au besoin la coiffure par l'effet d'une simple tension de la mâchoire inférieure.

Que de cavaliers, généralement mal coiffés, sans solidité, disposés à un mouvement ordonné, au lieu de pointer du sabre, comme on le leur prescrit, sont dans la dure obligation de porter la main droite, armée du sabre, à la coiffure pour la soutenir !!! Nous nous occupons d'établir un modèle de casque pour la cavalerie, que nous ferons bientôt connaître.

Dans l'infanterie nous avons déjà signalé les graves inconvéniens du schako et de la giberne quand le soldat veut courir.

Ce que nous avons déjà dit du sac ou havre-sac serait suffisant pour convaincre les personnes à qui nous pouvons le montrer. Cependant, pour éclairer tout le monde, ajoutons qu'il est moins pesant, qu'il a une contenance égale à celui en usage et que la forme du sac est la même que celui auquel nous opposons le nôtre ; que le recouvrement tient toute la hauteur et la largeur, qu'il peut recevoir au sommet tel sac ou étui qu'on voudrait y fixer, enfin que des attentes en cuivre fixées à demeure peuvent recevoir les courroies par l'usage de notre petit manteau. La pluie ne peut donc pénétrer, et alors la charge du soldat ne s'accroît pas.

Nous insistons à faire remarquer à nos lecteurs que le dessin qu'ils en ont sous les yeux leur rend exactement l'aplomb du sac sur le corps de l'homme, qui, supportant perpendiculairement la charge, n'éprouve pas la lassitude et la fatigue qu'occasionne le sac actuel.

Nous ne nous étendrons pas plus longuement sur les vêtemens dont notre soldat est couvert. Les avantages déjà signalés démontrent leur supériorité sur ceux dont on se sert aujourd'hui, tant sous le rapport de la forme gracieuse dont les nôtres sont empreints que par la diminution de la pesanteur et enfin la réduction de la dépense.

Dans les différentes occasions que nous avons eues de présenter nos modèles, nous pouvons dire que nous avons reçu un favorable accueil des officiers généraux, membres des comités d'infanterie et de cavalerie près le ministre de la guerre. Nous avons été appelé à les confier à des militaires pour s'en revêtir et exécuter pendant plusieurs heures des exercices qui par leur nature devaient fatiguer ces hommes. En regard de ce moyen et pour être à même d'établir une comparaison utile à la vérité des résultats, un nombre égal de soldats, habillés et équipés d'après l'uniforme de la ligne, a été obligé de suivre tous les exercices ordonnés. Il s'en est suivi que ceux qui étaient nantis de nos effets ont déclaré sur l'honneur qu'ils n'étaient pas fatigués, tandis que les autres avaient été mis sur les dents. Les sacs avaient un poids égal de 35 à 40 livres pour les militaires revêtus de nos effets ; les autres sacs avaient leur poids ordinaire, moindre de celui ci-dessus indiqué.

Cependant nous avions lieu d'espérer qu'une solution favorable nous serait donnée ; que l'expression écrite d'une satisfaction nous aurait été décernée en récompense de notre zèle et de notre désir de bien faire. Il en a été tout autrement, car le silence le plus absolu a été gardé à notre égard.

Il faut croire qu'une fâcheuse influence exercée d'en haut nous aurait été contraire.

Nous terminerons ces réflexions en signalant les économies considérables que l'on peut obtenir, soit en adoptant notre système en entier, soit en n'admettant qu'une partie de ce qui pourrait convenir. Toutefois, en indiquant les prix auxquels nous établirions les effets, nous démontrerons qu'il y aurait économie patente à s'arrêter aux moyens que nous proposons.

		fr. c.	fr. c.
HABILLEMENT et COIFFURE.	Capote à revers.	26 «	55 «
	Gilet à manches.	6 30	
	Pantalon.	11 «	
	Bonnet de police.	3 20	
	Coiffure.	8 50	
HAVRE-SAC.			8 50
ÉQUIPEMENT.	Cartouchière.	2 50	6 «
	Ceinturon.	2 50[1]	
	Bretelle de fusil.	1 «	
	TOTAL pour un homme.		69 50

Enfin, d'après nos procédés pour travailler la matière première et les moyens que nous possédons pour entreprendre, sur telle échelle que l'on voudrait, l'application de notre système, qui repose sur plusieurs brevets d'invention, nous sommes à même de pouvoir satisfaire à toutes les demandes qui nous seraient faites.

Nous proposons d'utiliser les effets de grand équipement, tant au service dans l'armée que dans les magasins de l'État, pour ce qui est des baudriers et des portegibernes, afin de les convertir en ceinturons et de leur donner la couleur noire, que nous regardons comme très-avantageuse. Il y aurait très-peu ou point de perte à encourir, parce que les morceaux qui resteraient serviraient.

La dépense pour faire ces changemens ne serait pas considérable; elle ne consisterait qu'en prix de main-d'œuvre. Nous estimons à soixante-quinze centimes le prix de teinture et façon pour ceinturon.

Quant aux gibernes actuelles, elles produiraient par la vente qu'on en ferait au commerce un fonds plus que suffisant pour couvrir la dépense de main-d'œuvre des ceinturons.

Nous engageons les militaires qui comme nous s'occupent des améliorations utiles à faire aux effets en usage dans l'armée, à nous communiquer leurs observations, nous les recevrons avec intérêt et gratitude.

[1] Celui de la cavalerie serait de 3 fr. 80 c. avec bélières.

Nous avons l'intention d'établir plusieurs collections des effets d'habillement et de coiffure que nous avons créés personnellement, et de les placer à Paris dans un local où les personnes amies du bien-être du soldat pourront en apprécier les avantages. Un nouveau système de boucles, dont nous avons le brevet, a déjà ouvert au commerce la voie d'une grande consommation. L'armée ne tardera pas sans doute à jouir de cette heureuse et intéressante invention, d'une très-grande utilité. Ces boucles n'ont pas besoin d'être cousues, elles sont sans ardillons.

Les journaux indiqueront prochainement le lieu que nous aurons choisi.

FIN.

www.ingramcontent.com/pod-product-compliance
Lightning Source LLC
LaVergne TN
LVHW020336230826
846091LV00003B/891

* 9 7 8 2 0 1 2 9 9 1 6 1 3 *